LIDERANÇA

Os Melhores Métodos Para Ser Bem-sucedido E Dominar A Comunicação

(Motive seus funcionários e influencie facilmente as pessoas para melhorar a tomada de decisões)

Neal Petti

Traduzido por Daniel Heath

Neal Pettit

Liderança: Os Melhores Métodos Para Ser Bem-sucedido E Dominar A Comunicação (Motive seus funcionários e influencie facilmente as pessoas para melhorar a tomada de decisões)

ISBN 978-1-989837-60-3

Termos e Condições

De modo nenhum é permitido reproduzir, duplicar ou até mesmo transmitir qualquer parte deste documento em meios eletrônicos ou impressos. A gravação desta publicação é estritamente proibida e qualquer armazenamento deste documento não é permitido, a menos que haja permissão por escrito do editor. Todos os direitos são reservados.
As informações fornecidas neste documento são declaradas verdadeiras e consistentes, na medida em que qualquer responsabilidade, em termos de desatenção ou de outra forma, por qualquer uso ou abuso de quaisquer políticas, processos ou instruções contidas, é de responsabilidade exclusiva e pessoal do leitor destinatário. Sob nenhuma circunstância qualquer, responsabilidade legal ou culpa será imposta ao editor por qualquer reparação, dano ou perda monetária devida às informações aqui contidas, direta ou indiretamente. Os respectivos autores são proprietários de

todos os direitos autorais não detidos pelo editor.

Aviso Legal:

Este livro é protegido por direitos autorais. Ele é designado exclusivamente para uso pessoal. Você não pode alterar, distribuir, vender, usar, citar ou parafrasear qualquer parte ou o conteúdo deste ebook sem o consentimento do autor ou proprietário dos direitos autorais. Ações legais poderão ser tomadas caso isso seja violado.

Termos de Responsabilidade:

Observe também que as informações contidas neste documento são apenas para fins educacionais e de entretenimento. Todo esforço foi feito para fornecer informações completas precisas, atualizadas e confiáveis. Nenhuma garantia de qualquer tipo é expressa ou mesmo implícita. Os leitores reconhecem que o autor não está envolvido na prestação de aconselhamento jurídico, financeiro, médico ou profissional.

Ao ler este documento, o leitor concorda que sob nenhuma circunstância somos responsáveis por quaisquer perdas, diretas ou indiretas, que venham a ocorrer como resultado do uso de informações contidas neste documento, incluindo, mas não limitado a, erros, omissões, ou imprecisões.

Índice

Parte 1 1

Introdução 2

Capítulo Um – Construindo Sua Confiança 5

PRIMEIRO ESTÁGIO: LIDANDO COM A INSEGURANÇA 8
ESTÁGIO DOIS: PARE DE COMPETIR POR APROVAÇÃO 10
TERCEIRA FASE: MENTE, CORPO E ALMA - ACERTANDO O EQUILÍBRIO
.... 12
ESTÁGIO QUATRO: COMO MELHORAR SUAS HABILIDADES SOCIAIS ... 13
ESTÁGIO CINCO: AUTO-CONFIANÇA NO LOCAL DE TRABALHO 13
ESTÁGIO SEIS: COMO USAR A LINGUAGEM CORPORAL PARA INTERAGIR
.... 14
ESTÁGIO SETE: SOCIALIZANDO COMO UM PROFISSIONAL 15

Capítulo Dois – Lidando Com A Insegurança 16

PERDÃO 19

Capítulo Três – Livrando-Se Do Medo De Se Expressar 21

PEDINDO DESCULPAS 25
FINGINDO 26
NEUTRALIDADE 28

Capítulo Quatro - Preparando-Se Com Mente, Corpo E Alma
.... 30

Capítulo Cinco - Comunicando-Se Como Um Líder 34

ISSO É PORQUE É! 37

Capítulo Seis - Habilidades De Liderança No Local De
Trabalho 39

EXPERIÊNCIA 101 40
ASSERTIVIDADE 101 43

EM VEZ DISSO, SUBSTITUA ESSAS PALAVRAS PELAS SEGUINTES: 45
RELAÇÕES INTERPESSOAIS 101 46

Capítulo 7 - Bom Uso Da Linguagem Corporal Em Boa
Liderança 48

COMO? 50
LÍDERES SÃO SOCIAIS 53
APARÊNCIA 55
ABORDAGEM 55
ATENÇÃO 56

Conclusão 58

Parte 2 59

Capítulo 1 - Introdução 60

Capítulo 2 –Habilidades De Gerenciamento 63

IDENTIFICANDO HABILIDADES 65
A Pessoa Certa Para O Trabalho Certo. 65
DIVISÃO DE TRABALHO 69
Macro-Gerenciamento. 69
REUNIÕES DE EQUIPE 73
Recapitulação E Revisão. 73
Agenda. 74
Encerramento. 75
Propósito. 76
Mantenha Curta. 78
Deixe Todos Falarem. 78
Contratempos E Progresso. 79
PLANEJAMENTO 81
Definir Um Objetivo. 81
Prazos. 82
Divisão Dos Objetivos. 83
Alocação De Recursos. 83
Antecipar Contratempos. 85
AVALIAÇÃO DE PERFORMANCE 86
Monitorar A Performance Do Empregado. 86

Enfatizar Sucessos. 87
Áreas De Melhora. 88
PROGRAMAS DE RECOMPENSA 91
Cofraternização Anual. 91
Prêmios. 92
Treinamentos. 93
Nota De Rodapé: Desincentivos. 93

Capítulo 3 –Habilidades Sociais 95

PROJEÇÃO PESSOAL 98
Carisma. 98
Higiene Pessoal. 99
Vestimentas. 101
OUVIR 104
Ouvir E Escutar. 104
Atenção. 105
Educação. 106
RESPEITO 108
Idade. 108
Gênero. 109
Experiência. 110
Opiniões E Pontos De Vista. 111
Humildade. 111
USO DA LINGUAGEM 113
Educação. 114
Ataques Pessoais. 114
Motive E Acalme. 115
Sugira. 116
Sua Maneira. 117
SOCIALIZANDO 118
Trabalhando Lado A Lado. 118
Escolhendo Seu Assento. 120
CONVITES 123

Capítulo 4 –Habilidades Comunicativas 126

LINGUAGEM CORPORAL 127

Apertos De Mão... *127*
Corpo Para Frente. *128*
Os Olhos. *128*
As Sobrancelhas... *129*
Mudar De Posição. *129*
Clareza De Instruções.. 130
Quem?.. *131*
O Que?... *132*
Como?.. *132*
Quando?... *133*
Onde?... *133*
Fazendo As Perguntas Corretas..................................... 134
Respondendo A Outros 136
Tipos De Respostas. *136*
Dissidência.. *137*
Deixe As Pessoas Falarem. *138*

Conclusão 139

Parte 1

Introdução

Antes de qualquer coisa, gostaria de parabenizá-lo por finalmente mover-se para melhorar sua vida, tornando-se um líder mais confiante. O simples ato de baixar este livro já demonstra que você já está cansado dos antigos métodos e agora está pronto para encarar a vida com garra e obter o status de liderança que você merece. Posso prometer-lhe que, neste livro, indicarei as etapas e técnicas essenciais que, de fato, transformarão sua vida e o ajudarão a aumentar suas habilidades de liderança em pouco tempo.

No mundo carregado de julgamento em que vivemos, é fácil desprezar nossa autoestima e permitir que as pessoas nos subjuguem, devido ao nosso medo de sofrer críticas ou nos envolvermos em situações vergonhosas. Não nos sentimos confiantes para defender nossas crenças e ideias e, por fim, permitimos que outras pessoas tomem decisões por nós.

Esse livro dá início à sua jornada ruma à autodescoberta, primeiro ensinando-o a entrar em acordo consigo mesmo e demonstrando como esse acordo afeta a maneira como você é percebido por aqueles que o cercam. É importante que você entenda que a autoconfiança não é construída nem destruída em um dia. Por essa razão, é essencial que você reserve um tempo para pensar e analisar as situações cruciais que levaram ao declínio de sua autoconfiança ao longo da vida.

Depois de ter identificado os fatores que o trouxeram ao seu atual estado de confiança, não deve ser tão difícil substituir sua atual auto-persepção negativa por uma mais fortalecida. Essa percepção também preparará você para começar a implementar as etapas e técnicas ensinadas neste livro e começar imediatamente a transformar sua vida.

Minha intenção, ao fim desses oito capítulos, é que você tenha **um roteiro de etapas a seguir que contribuirão imensamente para que você se torne o líder que deseja ser.** Esse livro demonstrará que ativar a confiança para tornar-se um bom líder é possível para qualquer pessoa, a qualquer momento a da vida.

Você está preparado para romper com sua versão antiga? Você está preparado para mover-se e finalmente tornar-se o líder que sempre desejou ser?

Se sim, eu o parabenizo por dar esse importante passo na transformação de sua vida. Eu o prometo que, se você realmente desejar, com os princípios apontados nesse livro, você estará apto a não apenas conquistar o respeito de outras pessoas, mas a ser considerado uma autoridade por quase todos que o cercam.

Comecemos essa maravilhosa jornada para sua nova versão.

Capítulo um – Construindo sua confiança

Você se lembra como é ser criança? Não, eu não estou falando sobre a escola fundamental, ou o ensino médio. Quero dizer, quando você erarealmente pequeno – como na pré-escola, ou no primeiro dia de creche. A razão pela qual eu quero que você se leve de volta ao tempo em que era uma criança pequena é porque eu quero que você se lembre do sentimento de invencibilidade com o qual todos nascemos.

Você sabe do que estou falando? É sobre o sentimento que fez você pensar que poderia crescer para ser um super-herói e salvar o mundo, ou que se você pulasse no seu trampolim com força suficiente, poderia decolar e voar como o Super-Homem. Infelizmente para muitos de nós, aqueles poucos momentos fugazes de nossa infância foram a última vez em que realmente sentimos verdadeira confiança.

Esse simples exercício mental de se transportar de volta no tempo tem o objetivo de ajudar você a perceber que não nasceu assim como está hoje. Esta é uma versão de você, que agora você busca mudar.A pessoa que anteriormente você desejava ser era um pouco mais extrovertida e mais confiante, não foi você que começou com isso.

A forma como você se sente hoje – com medo, dúvida e insegurança inundando sua mente a cada passo que você dá – é simplesmente uma representação externa de todas as coisas que lhe causaram dor quando criança. Deixe-me tentar explicar desta maneira, você já ouviu o seu médico dizer que a febre não é uma doença?

Então, se queimar em febre não é uma enfermidade ou uma doença, o que é?
É um sintoma.
Basicamente, ter febre significa que algo está errado dentro de seu corpo. O que pode ser um sintoma de algo simples como um resfriado, ou de algo mais sério, como um câncer. Mas a forma como se apresenta ao mundo exterior é através de um pico de temperatura que alerta o seu corpo de que algo não está certo. Nossos

corpos usam os sintomas como a febre para no alertar de que algo em nós requer atenção séria. É maneira que nosso corpo encontra para nos proteger e notificar que as coisas podem piorar se não tomarmos cuidado.
Suas ansiedades são exatamente a mesma coisa - são sintomas. O medo é uma maneira de nossos cérebros nos protegerem de situações dolorosas ou desagradáveis.

Medo, dúvida e incerteza são respostas automáticas a situações e são criados pelo seu cérebro para protegê-lo. Estes são os mesmos mecanismos de defesa que provocam fobias em milhões de pessoas. Nesta jornada para a autoconfiança total, seu primeiro passo será identificar as situações que fazem com que seu cérebro acione essas respostas. Depois de ter identificado essas situações, você terá dado um enorme salto para se tornar um líder eficaz.
Como mencionei anteriormente, este livro fornecerá sete etapas essenciais que

levam a habilidades de liderança confiante. Gostaria de lhe dizer que um passo é mais importante do que os outros, mas a realidade é que todos eles serão uma contribuição crucial para a sua jornada.

Primeiro Estágio: Lidando com a insegurança

Você já ouviu alguém tentar justificar sua falta de confiança dizendo que é tímido? Essas pessoas costumam ser ouvidas dizendo: "Não consigo conhecer novas pessoas. Não é minha culpa, eu nasci com o gene tímido"ou"eu não posso falar na frente da classe, eu sou tímido". Bem, deixe-me dizer que essas desculpas não são mais do que apenas uma carga enorme de porcaria.

Ninguém realmente nasce tímido. Quando éramos crianças, não tínhamos medo de conversar com ninguém. Nosso desejo de nos comunicar muitas vezes nos levava ao ponto em que nossos pais tinham que restringir com quem poderíamos falar. As crianças também são conhecidas por sua honestidade. Você já ouviu o ditado: "Se você quer ouvir a verdade, pergunte a uma criança?" Isso ocorre porque as crianças não têm medo do que alguém pensa sobre elas, seu foco é se divertir, aproveitar e explorar.

Infelizmente, à medida que envelhecemos, nos deparamos com situações que diminuem nossa confiança. Essas situações podem ser momentos embaraçosos em que outras pessoas zombam de nós ou situações que nos causaram algum tipo de dor emocional. Com o tempo, essas situações criaram uma barreira de proteção em nossos cérebros que é acionada toda vez que nos encontramos em ambientes semelhantes.

Por exemplo: Se você uma vez convidou uma linda garota por quem você tinha uma queda para o seu baile de formatura, e depois foi rejeitado na frente da turma inteira, essa situação pode ter lhe causado tanta dor e vergonha que sua mente subconscientemente criou uma barreira de proteção para impedi-lo de passar por esse mesmo sentimento novamente. Assim, agora você pode estar com medo de se aproximar e começar uma conversa com uma garota bonita na rua e pedir-lhe seu número de telefone ou convidá-la para um encontro.

Entenda que a insegurança é algo que foi inconscientemente desencadeado dentro de nós em algum momento de nossas vidas por diferentes situações e circunstâncias. Mas também entenda que, assim como essas dúvidas foram acionadas, elas também podem ser desligadas. Não há pessoa mais indicada para fazer isso do que nós mesmos.

Estágio dois: pare de competir por aprovação

Nesse mundo moderno de conectividade constante com a mídia social, não é de surpreender que, para a maioria das pessoas, a percepção de seu valor próprio não diga respeito apenas a si, mas às pessoas que lhes rodeiam. Para essas pessoas, a auto-estima não está relacionada à forma como elas se vêem, mas à maneira como os outros as vêem.

É muito simples, como uma criança que busca a aprovação de sua mãe depois de desenhar seu primeiro retrato. Só que, em vez da aprovação calorosa que uma mãe ou de alguém que ama muito normalmente dá a um filho, a mídia social está cheia de pessoas carregadas de más intenções e quepõem os outros pra baixo para se sentirem melhores.
Quando você procura aprovação através das mídias sociais, você o faz não para obter a validação daqueles que têm os melhores interesses no coração, mas de massas sem rosto. Se você procurar por validação e esperar ser aceito, esse comportamento poderá ser prejudicial, afetando-o negativamente na maior parte do tempo. No entanto, parece que você não consegue parar de buscar a aprovação de outras pessoas. Muitas vezes, pessoas que você sequer conhece.
Bem, a partir de hoje, depois de ler este livro, essa necessidade desesperada de

aceitação deve parar. Eu mostrarei como, continue lendo.

Terceira Fase: Mente, Corpo e Alma - Acertando o Equilíbrio

A próxima etapa definidora nessa jornada para a liderança confiante é assumir o controle. Uma das principais características de uma pessoa com baixa autoconfiança é sua incapacidade de agir e sua incapacidade de cumprir com suas decisões.
Nesta jornada para uma liderança confiante total, você aprenderá sobre a importância de definir seus fracassos ou "lições de aprendizado", como muitas vezes prefiro chamá-los. Se você realmente quer se tornar o líder confiante que sempre sonhou ser, precisa estar disposto a enfrentar seus medos. Depois de terminar este livro, você deverá ter aprendido uma maneira diferente de ver as coisas; enfrentar seus medos não deverá mais ser uma "terra de ninguém" para você. Mostrarei maneiras diferentes

de preparar sua mente e seu corpo para situações em que você fica cara a cara com seus maiores medos e como superá-los.

Estágio Quatro: Como melhorar suas habilidades sociais

Agora que já identificamos a presença de uma notável falta de autoconfiança e aprendemos a reconhecê-la e superar esses obstáculos, é hora de começarmos a avançar e nos concentrar em nos tornarmos um líder socialmente competente e confiante.

Seus dias como um excluído social chegaram ao fim! Lembre-se de manter a cabeça erguida enquanto eu ensino diferentes técnicas que ajudarão você a levar suas habilidades sociais e habilidades de conversação para um nível totalmente novo.

Estágio Cinco: Auto-Confiança no Local de Trabalho

Outra área de preocupação é o local de trabalho. Uma das maiores desvantagens de ter baixa autoestima é como isso afeta seu desempenho no trabalho e seu potencial para ser um funcionário melhor, engajado com a equipe e, principalmente, líder. Na quinta etapa, abordarei esse problema exato com muito mais detalhes. Vou lhe mostrar dicas que você pode usar para tornar-se a pessoa confiante e competente que você precisa ser para se tornar destemido em qualquer desafio que seu trabalho possa trazer.

Estágio Seis: Como usar a linguagem corporal para interagir

A autoconfiança em grande parte diz respeito à comunicação – éum fato que mais de 50% da comunicação de uma pessoa é não-verbal. Surpreso? Não fique! Pense nisso como uma grande oportunidade para você interagir com as pessoas sem ter que se esforçar para encontrar as palavras. No sexto passo, você aprenderá como tornar essas interações parte de sua rotina diária e combiná-las com sua personalidade. Então prepare-se para "brilhar como um diamante" e festejar a vida.

Estágio Sete: Socializando como um Profissional

Na fase final deste programa, você aprenderá sobre integração social. Nós, seres humanos, somos seres muito sociais. Nós ansiamos por interação humana, e é por isso que você pode achar difícil fazer parte da sociedade quando não sabe como interagir com pessoas diferentes.
Depois de terminar este livro, tudo será deixado no passado, se você seguir e aplicar as técnicas ensinadas. Nessa etapa final, você aprenderá as cinco maneiras de tornar as interações com as pessoas ao seu redor fáceis e naturais.

Agora você está pronto para realmente começar essa fase de aprendizado?
Isso foi um "sim" que acabei de ouvir?
Ótimo!
Vamos ao que interessa!

Capítulo dois – Lidando com a insegurança

"Eu não sou o que aconteceu comigo. Eu sou o que escolho me tornar. "- Carl Jung

Antes de iniciar sua lição desse capítulo, deixe-me começar explicando como os três primeiros capítulos funcionam. Os três primeiros estágios são como a uma sessão de terapia –neles falamos sobre a origem do seu problema e exploraremos em profundidade como isso afeta sua vida. É importante mergulhar nisso, porque essa falta de confiança simplesmente não apareceu em uma bela manhã. Ela se desenvolveu e ficou profundamente enraizada em sua vida e personalidade ao longo de um período de tempo. Se você realmente quiser mudar, terá que entender esse princípio.

Os passos nos capítulos são claros e fáceis de entender. Uma vez que você tenha adquirido a compreensão da origem de sua insegurança e das desculpas que você

vem dando, eu lhe ensinarei uma técnica muito interessante que lhe permitirá aproveitá-la e realmente usar seu autoquestionamento como uma ferramenta de melhoria que irá prepará-lo para etapas adicionais.
Soa bom demais para ser verdade?
Leia mais para descobrir.
Por enquanto, pegue uma caneta e um pedaço de papel, você precisará fazer algumas anotações sobre esta incrível informação que você está prestes a aprender. Caneta e papel na mão? O que você está esperando!? Tudo bem, vamos lá!

A dúvida em pequenas doses é realmente normal. Mas você e eu sabemos que, quando a insegurança está constantemente presente em todas as decisões, ela pode começar a interferir na sua vida e na sua felicidade. Vamos pensar sobre isso: você pode pensar em quando suas dúvidas começaram? Qual evento foi realmente importante – aqueleexato momento em que as coisas mudaram para você?

Agora, eu imagino que sua reação seja dizer que você sempre foi assim, mas já discutimos como a insegurança é adquirida. Vamos tentar descobrir isso. Se você ainda está se sentindo preso, tente identificar exatamente quais situações desencadeiam esses momentos de insegurança: falar em público, interação humana simples, pensamentos de que você não é bom o suficiente ou, talvez, medo de um equívoco social.

Qual é?
Agora você identificou?
Aquele único momento em que tudo mudou?
Aquela pessoa que disse algo ou fez algo que fez você se sentir com uma polegada de altura?
Boa! Anote isso!
Esse é o primeiro passo para erradicar a insegurança – osegundo passo é um pouco mais complicado. Está pronto?

Perdão

Eu não estou falando em perdoar as pessoas que poderiam ter implantado esses pensamentos em sua mente. Na verdade, não há nada a perdoar, uma vez que você foi o único a aceitar esses pensamentos como verdade e ninguém os forçou sobre você. Essas pessoas não são o problema, elas nunca foram. O pior crítico que você teve naquele lugar, naquele dia foi você mesmo, e esse perdão é uma liberação compassiva que você precisa estender a si mesmo.

A vida é mais do que a perfeição, e eu sei que pode ser difícil não se responsabilizar por esse sentimento esmagador de inadequação com que você foi encharcado naquele dia. Mas você não pode continuar se colocando nisso. Não é justo e não deve ser para você. Então pare agora! É a única maneira de você se dar espaço suficiente para se tornar uma pessoa melhor e um líder melhor. É a única maneira de você seguir em frente.

Perdoe-se por não ser perfeito. Primeiramente, esse nunca deveria ter sido um fardo para você carregar.

Lembre-se de que o teste mais verdadeiro é o teste de resiliência. Agora que você conseguiu identificar esse evento específico que roubou sua confiança, por que você não vai e adquire o que é seu por direito?

Não, eu não estou falando sobre violência – estoufalando sobre você retomando seus pensamentos. Agora é a hora de você provar que *eles* estão errados: trabalhe duro, treine mais e torne-se o garoto-propaganda de tudo o que eles disseram que você não poderia ter.

Depois de tê-lo, use seu conhecimento para ensinar alguém a fazer o mesmo. Um bom líder inspira os outros a melhorar suas habilidades e confiança.

Capítulo três – Livrando-se do medo de se expressar

"Não deixe que os outros definam você. Não deixe o passado confinar você. Assuma a responsabilidade de sua vida com confiança e determinação. Não há limites para o que você pode fazer ou ser."- Michael Josephson

Como mencionei anteriormente, os humanos são criaturas sociais; dependemos tão fundamentalmente das opiniões dos outros, que chegamos a um ponto em que nosso sucesso pessoal não é determinado por nosso próprio julgamento, mas pelo julgamento de outra pessoa. É aqui que o lado perigoso de suas percepções inerentemente sociais de si, a ameaça de ser ditado e simplificado por outros, ou pior - confinado.

Agora, é importante ter em mente que existe uma diferença entre pedir ajuda e pedir validação. Pedir ajuda, ou pedir uma opinião, faz parte do aprendizado e também é uma maneira de melhorar suas habilidades sociais. Você pode pedir ao seu professor uma opinião sobre um trabalho que você escreveu ou seus pais, sobre sua escolha para a faculdade. Estudos demonstram que, se você pedir a outra pessoa um favor pequeno e facilmente concluído, e então agradecer pela ajuda, é mais provável que as pessoas vejam você como uma pessoa confiante!

Pedir ajuda é uma atividade perfeitamente normal. Na verdade, é saudável porque você mostra aos outros que sabe o que quer e quer saber mais para poder fazer uma escolha informada.

É aqui que a validação e a solicitação de ajuda ou de uma opinião são diferentes. Validação, em uma palavra é o **desespero**.

É você permitir que sua insegurança o incapacite até o ponto em que você não apenas desconsidera sua própria estima, mas também suas próprias opiniões. A validação faz com que você procure desesperadamente alguém - qualquer um

- para lhe dizer o que fazer, em vez de lhe fornecer um feedback construtivo sobre o que você já está fazendo.

Para você, buscar validação pode não parecer uma coisa ruim, porque é assim que você se justifica. Você elabora desculpas; Você explica como isso não se trata de validação e que consiste apenas em verificar se você está fazendo as coisas direito. Mas, se você está nesse estágio em que não consegue ter confiança suficiente para tomar decisões pessoais, como a que trabalho você deve se candidatar, provavelmente está no ponto em que realmente precisa dedicar alguns minutos para pensar e reconsiderar seus processos de pensamento e estratégias de tomada de decisão.

Você nunca pode se tornar um líder verdadeiramente confiante se for dependente da opinião de outra pessoa. Não é assim que funciona. Na verdade, esse é realmente um estágio do círculo vicioso da negatividade. Começa com insegurança que, por sua vez, progride para uma necessidade de validação e, antes que você perceba, sua necessidade de validação começa a alimentar sua dúvida novamente. Não há literalmente uma perda maior de identidade.

Se você é alguém que constantemente exige alguma forma de aprovação ou validação de outra pessoa para tudo que você faz, pare imediatamente. Isso apenas impedirá que você tome as decisões que o ajudarão a crescer como pessoa e superar os desafios que deseja superar. Líderes tomam decisões, consultam os outros para sua contribuição e, em seguida, seguem com essas decisões com confiança.

O que, obviamente, leva à pergunta óbvia: como você interrompe a validação se não sabia que estava fazendo isso? Bem, é aí que este livro entra em cena e mostra você sobre os três principais tiques comportamentais que você notará em alguém que esteja buscando validação. Pronto?

Pedindo desculpas
Parece engraçado não, a noção de que pedir desculpas pode ser uma coisa ruim? Bem, é isso que o apologista em você quer que você pense. Desculpar-se constantemente, se suas opiniões não se encaixam na norma, é um indicador muito forte de que você está buscando validação.

Isso não significa que todos os pedidos de desculpas sejam um sinal de busca por validação. Pedir desculpas pode ser uma coisa boa ou ruim - é como uma ferramenta, depende do que está motivando seu pedido de desculpas. Quando você se sentir na necessidade de se desculpar, faça as seguintes perguntas:
"Pelo que eu estou pedindo desculpas exatamente?"
"Por ser diferente?"
"Por não concordar?"
"Por ter uma ideia ou opinião diferente?

É perfeitamente aceitável ter uma ideia ou

opinião diferente - isso é normal. O que não é normal é o seu desejo de estar escondido na multidão. A maioria das pessoas que buscam validação, a procuram das massas, para que, não importa o que aconteça, elas não se destaquem. Nunca se desculpe por dar uma opinião; defenda o que você acredita, mesmo se todos os outros forem contra. Mudar sua opinião para concordar com a deles apenas fará você parecer carente e eliminará qualquer credibilidade que você tivesse em todas as suas futuras opiniões. Então pergunte a si mesmo, por que você está se desculpando hoje?

Fingindo

Algo extremamente comum na busca de uma pessoa por validação é geralmente alguma forma de simulação. Enquanto certos indivíduos se tornam pacifistas, ou apologistas, enquanto tentam obter aprovação, os outros - geralmente aqueles ligeiramente mais hábeis na manipulação - descobrem que outra maneira de obter aprovação é fingir que não tem certeza ou fingir ser uma autoridade. De qualquer forma, o objetivo é usar uma persona como frente.

Essa é uma tendência vista principalmente nas redes sociais porque é mais fácil manipular a opinião pública quando você é quem controla o fluxo de informações. Também tende a ser a geração do milênio que parece responder mais a chavões e elogios, em parte por causa de sua idade e sua necessidade aparentemente insaciável de obter sua validação da mídia social. Tambémpode-se dizer que em parte isso se deve ao modo como as redes sociais limitaram, de certa forma, sua exposição ao mundo real.

Em vez disso, tente ser você mesmo e aceite a si mesmo do jeito que você é e do jeito que você quer se tornar. Às vezes é bom fingir confiança, mas se você fizer isso, certifique-se de fazê-lo na vida real e não como uma persona online falsa. Experimente quando você está fazendo compras no seu shopping favorito ou caminhando por seu parque favorito. Ande com a cabeça erguida, o peito para fora, a barriga para dentro e acredite com a sua mente que você pode fazer qualquer coisa e conversar com qualquer pessoa que você queira. Se você retrata confiança apenas em diferentes plataformas de mídia social, pode criar uma realidade discrepante em você que não o ajudará em nada nas interações da vida real. Então, em vez disso, certifique-se de retratar a confiança na maneira como fala, anda e interage na vida real, e não na mídia social.

Neutralidade
O último maneirismo digno de nota que o comportamento de busca por aprovação tende a trazer às pessoas é um senso de falsa diplomacia. Agora, isso é um passo além da mera pretensão e fronteiras na terra do subterfúgio. Muitos desses indivíduos cresceram com a percepção de que quem eles são não é exatamente quem todos querem que eles sejam, e por causa dessa necessidade profundamente enraizada de ser o que todo mundo quer que eles sejam, eles se vêem assumindo

uma moral falsamente elevada.

Nesses casos, você perceberá que o indivíduo tende a concordar ou discordar de maneira não verbal ou com declarações não definitivas para evitar perguntas. Lembre-se de que estes não são traços definitivos que sempre indicarão a necessidade de validação. Mas, como as opiniões que todos nós temos, essas características são indicativas de um quadro maior. É importante que você tente entender e visualizar esse quadro maior, pois ele fornecerá algumas das ferramentas que o ajudarão a nadar para fora deste mar de desespero.

Capítulo Quatro - Preparando-se com mente, corpo e alma

"A autoconfiança não é ensinada ou aprendida; Ela é conquistada superando suas próprias limitações. "- John Reynolds

Os antigos filósofos chineses costumavam acreditar que a mente e o corpo eram duas partes de um todo, como o Ying e o Yang. Eles devem trabalhar juntos em harmonia para que o todo prospere. Aqui, acreditamos que a autoconfiança também faz parte de um todo maior; só aqui o todo é composto– comouma trindade.

A mente e o corpo são como o anzol e a isca em uma viagem de pesca, ambos são necessários, ambos são igualmente importantes, mas também são ambos incompletos se não houver uma vara de pescar (a alma). Portanto, em termos de liderança confiante, embora seja importante iniciar fisicamente a ação e mentalmente se preparar para isso, é igualmente importante ter a vontade ou a motivação para fazê-lo.

A chave para gerenciar todas essas partes é aprender a criar esse equilíbrio perfeito. Como exemplo, vamos pensar em trabalhar em nossas habilidades de falar em público. Agora, ter medo de falar no palco é um medo muito comum, na verdade, é tão comum que a maioria dos estudos o coloca como o medo número um da maioria das pessoas, sendo mais apontado que o medo da morte! Mas acredite ou não, o medo de falar em público é muito mais fácil de combater do que você imagina. Aqui estão algumas dicas simples que irão ajudá-lo.

Para começar, vamos destacar as áreas nas quais precisamos trabalhar, como pesquisa, ensaio ou motivação.
A pesquisa de tópicos e os ensaios parecem ser atividades ou componentes predominantemente relacionados ao comportamento controlado pelo corpo. Na prática, eles são, mas também há um componente mental, como decidir como você quer pesquisar seu tópico, como abordar a questão e, mais importante,

como iniciar o discurso e abordar seu público. Criar esse equilíbrio corresponde ao gerenciamento dessas partes e mantê-las em harmonia com a alma.

Autoconfiança é construída sobre dois pilares: crença em si mesmo e determinação positiva. É esse impulso e determinação que você precisa alcançar, mesmo quando você está bem com seu corpo e com sua mente. A positividade e o impulso permitem-lhe aspirar a realizações que normalmente consideraria fora do seu alcance. Esse sentimento de realização pessoal se concretiza com cada pequena conquista que ajuda a construir uma auto-estima melhor. É também, no contexto discutido anteriormente, que você precisa de um empurrão extra para ver seus ensaios e pesquisas, sem procrastinação ou desculpas de qualquer tipo.

Basicamente, a mente e o corpo trabalham em uníssono como um time de futebol, mas é a sua alma que é o treinador. É a voz na sua cabeça que te leva a tentar um pouco mais e se esforçar um pouco mais. Certos estudiosos acreditam que uma maneira mais fácil de fazer com que a sua 'trindade' tenha o hábito de trabalhar em conjunto é definir metas específicas. Definir metas mais curtas que você pode alcançar torna mais fácil para você estar no seu caminho para a cena maior. Isso não apenas permite que você aprenda aaplicar seu tempo, energia e habilidades organizacionais, mas também ajuda a lidar com seus antigos medos. Atingir muitos objetivos pequenos ajuda a criar um currículo com histórias de sucesso às quais você sempre pode se referir.

Lembre-se: você é a soma de suas escolhas e essas escolhas criam sua vida. Portanto, é muito importante fazer com que cada uma delas seja relevante.

Capítulo Cinco - Comunicando-se como um Líder

"Quanto mais você trabalha em ser você mesmo, mais provavelmente se sentirá significativo e com propósito em sua vida."
- Wayne W. Dyer

As três primeiras etapas deste guia de liderança confiável lidaram quase exclusivamente com a identificação, aceitação e compreensão dos vários componentes que levam à constituição genética de uma falta de autoconfiança. Deste ponto em diante, no entanto, vamos nos concentrar em como lidar diretamente com os problemas que já identificamos.

O número um em nossa lista foi a questão da exclusão social. Uma das conseqüências mais comuns da falta de confiança é a exclusão social, o que, é claro, leva a uma perda ainda maior de auto-estima e, basicamente, dá início a todo o ciclo de negatividade novamente. Como eu disse antes, todos esses componentes contribuem para um quadro maior e, portanto, é importante que, para alterar o resultado final, primeiro modifiquemos os componentes iniciais.

Vamos começar destrinchando as coisas - por que lidamos com a exclusão social? Simples, porque, por qualquer motivo, não nos encaixamos nas opções sociais atuais que nos cercam. Agora, algumas décadas atrás, isso teria sido um problema real. Felizmente para nós, este é o século 21, por isso não é um grande problema neste momento. Com a invenção da Internet, agora temos a opção de lançar uma rede muito mais ampla para nossos "amigos", procurando opções on-line ou em grupos de interesse específicos. Se você fizer uma pequena pesquisa, poderá com certeza encontrar uma comunidade para tudo; desde coleção de selos a jogos internacionais - você escolhe, e a internet vai encontrar uma maneira de você entrar em contato.

O que é mais importante, no entanto, é como você lida com essas interações baseadas na comunidade. Depois de encontrar seu pessoal, ou pelo menos, depois de encontrar um grupo menor de pessoas com as quais você poderia se esforçar para se misturar, é imperativo que você se concentre nas interações de menor escala que podem ajudá-lo a criar conversas. Se você, por outro lado, quer tranferir essas interações para situações da vida real, faça coisas simples como sorrir ou mesmo apenas acene com a cabeça ao passar por alguém. Isso ajuda a criar a perspectiva de uma interação e, possivelmente, até uma conversa.

Na verdade, minha capacidade de sorrir para estranhos, aleatoriamente e sem motivo, desempenhou um papel muito importante na minha jornada pessoal para a total autoconfiança. Sempre sorria.Apior coisa que pode acontecer é que as pessoas não sorriam de volta, nada que possa te matar.Então, agora me dê um grande SORRISO brilhante!

Outra dica muito importante para sua jornada de 30 dias para uma liderança confiante é sempre cercar-se de pessoas que compartilham de suas crenças e ambições. Essas pessoas irão apoiá-lo, motivá-lo e reforçá-lo em sua jornada. Além disso, certifique-se de evitar pessoas negativas.Elassão como uma praga. Essas pessoas sempre farão a você o completo oposto daqueles de astral elevado.
Parece bem fácil, não é?
Isso é porque é!

Lembre-se, grande parte da construção da autoconfiança está relacionada à realização dos passos que você sabe que precisa tomar. Em termos de socialização de pequena escala, tente se concentrar em manter-se no circuito e envolvido. Tendo dito isso, tente evitar ser excessivamente próximo ou grudento; lembre-se que as pessoas não querem necessariamente você em todos os seus negócios 24 horas por dia, sete dias por semana. Encontre seu propósito, trabalhe em algo que lhe interessa e busque crescimento pessoal diariamente.

Quando se trata de lidar e interagir com as pessoas, aprenda a ser um bom ouvinte. Bons ouvintes realmente fazem os melhores amigos e são mais apreciados pela maioria - então seja o ouvinte, e então, quando você sentir que está pronto, você pode ser aquele que compartilha. Antes que você perceba, você vai acumular amizades para a esquerda, para a direita, para cima e para baixo, e de todos os lados e cantos. Seus dias de ser um "enfeite de parede" serão uma coisa do passado.

Capítulo Seis - Habilidades de Liderança no Local de Trabalho

"Com a percepção do seu próprio potencial e autoconfiança na sua capacidade, pode-se construir um mundo melhor." - Dalai Lama

Muitas pessoas supõem erroneamente que os problemas de autoconfiança são, na maioria das vezes, problemas juvenis do ensino médio dos quais os "adolescentes" precisam sair. O que eles não conseguem ver, infelizmente, é que, na maior parte, os problemas de autoconfiança podem começar durante a adolescência e os efeitos nos acompanham até a idade adulta ou, pior ainda, em nossas casas e escritórios.

Agora, já abordamos como superar as ansiedades sociais. Neste capítulo em particular, nos concentraremos nas questões do local de trabalho afetadas pela falta de autoconfiança. Ilustrando as causas-raiz e as formas de corrigir esses

problemas específicos, da mesma forma como os Gerentes de Recursos Humanos reais são treinados, você pode desenvolver habilidades de liderança para o escritório.
Está pronto?

Existem três títulos principais sob os quais a liderança do local de trabalho é julgada: Experiência, Assertividade e Relações Interpessoais. Agora, esses podem parecer termos comuns, mas cada uma dessas palavras abrange vários problemas no local de trabalho que exigem habilidades muito específicas. Habilidades que você vai precisar possuir ou adquirir para obter a confiança necessária para lidar com seus desafios do dia-a-dia.

Experiência 101
Construir experiência de trabalho é realmente considerada uma das partes mais importantes das conquistas no local de trabalho. Ela ajuda a destacar exatamente como você lida com o trabalho em equipe e com a liderança de

outra pessoa, além de sua capacidade de lidar com tarefas desconhecidas ou indesejadas.

Se você quer se apresentar como um líder, a coisa mais importante a ter é a autoconfiança. E essa autoconfiança só vem com a experiência, já que é quase impossível alguém chegar ao topo sem as duas qualidades. A experiência não apenas desempenha um papel crucial em seu trabalho, mas também em muitas outras partes da vida. A experiência também é um grande impulsionador da confiança porque elimina a dúvida.

Devo mencionar aqui que é importante entender que a experiência não é algo que pode ser obtido da noite para o dia, mas que é acumulado ao longo do tempo. Obter experiência é como liberar uma bola de neve minúscula do topo de uma montanha nevada muito alta. À medida que a bola de neve desce a montanha, ela aumenta de tamanho reunindo mais e mais neve até se transformar numa bola enorme que nada pode parar. Experiência e confiança podem se relacionar com essa analogia. Você nunca vai começar no topo e ser irrefreável. Em vez disso, construa-se, pouco a pouco, até que você tenha força suficiente para se tornar a pessoa impa irrefreávelque deseja ser.

Certifique-se de obter experiência, fazendo um trabalho bem feito e tratando bem as pessoas, isso vai garantir que você faça do jeito certo.

Por exemplo, ao trabalhar em equipe, certifique-se de dizer "por favor" e "obrigado" e certifique-se de fazer isso com frequência. É importante que você garanta que cada um dos membros de sua equipe se sinta individualmente reconhecido e valorizado. Simultaneamente, como parte da equipe, lembre-se de sempre ser comunicativo e envolvente, porque quanto mais você se colocar em evidência, mais eles virão até você mais tarde. Tendo dito isso, não se torne muito agressivo. Lembre-se de que as oportunidades de experiência são como as noites de jogos do ensino médio - tudo se resume ao trabalho em equipe.

Assertividade 101

Depois de ter construído um repertório razoável de experiência, a próxima grande habilidade no local de trabalho que você precisa é de assertividade. Agora, para pessoas que já estão trabalhando em seus problemas de autoconfiança, sei que a idéia de ser assertivo no trabalho pode ser suficiente para lhe causar palpitações cardíacas. Mas, se você realmente quer se elevar acima da multidão, que é a única razão pela qual você está fazendo todo esse esforço, então você precisa começar usando sua experiência para impulsioná-lo para frente.

Um bom chefe adora funcionários inteligentes e sinceros, especialmente quando esses funcionários são capazes de comunicar suas idéias com o restante da equipe de maneira encorajadora e eficaz. Uma das melhores maneiras de se ajudar a ser assertivo é certificando-se de que você está bem preparado. A preparação anterior, seja para estudo individual ou para uma apresentação de trabalho, ajudará você a ter confiança suficiente para explicar claramente seu ponto de vista aos outros. Outra maneira de ser assertivo é ser positivo e sincero em sua opinião. Aqui está uma boa dica que irá ajudá-lo a se tornar uma pessoa mais positiva e credível ao expressar sua opinião.

Se você quiser se tornar mais confiável e quiser que sua opinião seja levada a sério, evite usar as seguintes palavras:

- **Poderia - Isso não cria uma sensação de que as coisas serão feitas.**
- Tente - Cria uma sensação de que as coisas não serão feitas ou mesmo levadas em consideração.
- Talvez - Mais uma daquelas palavras que não retratam uma sensação de segurança.
- Os três "ias"; seria, poderia, deveria - estas palavras devem ser apagadas do seu vocabulário. Pessoas confiantes usam palavras mais poderosas e assertivas quando se comunicam.

Em vez disso, substitua essas palavras pelas seguintes:

Palavras para usar:

- Será - cria garantia de que as coisas serão feitas.
- Eu vou - outra daquelas que fazem pensar que as coisas serão feitas
- Absolutamente - "Tenho certeza absoluta de que tudo será feito".
- Definitivamente - "Definitivamente vou fazer isso".

O exemplo anterior é usado para criar uma ideia de como essas palavras podem ser percebidas por outras pessoas. Sinta-se à vontade para adicionar mais ao seu novo vocabulário como quiser, mas certifique-se de contextualizá-las.

Relações Interpessoais 101
E finalmente, a última dica que posso lhe dar para ajudá-lo a criar sua nova identidade no local de trabalho é: nunca esqueça a importância das habilidades interpessoais. Agora, as habilidades interpessoais não significam simplesmente que é importante que você seja capaz de falar com outras pessoas. Isso significa que você deve ser capaz de falar com todos de uma maneira que eles acham aceitável, e que você também possa ouvir e ser acessível quando eles vierem falar com você.

Para muitas pessoas que estão tentando aprender o processo de comunicação efetiva, é fácil ficar na defensiva, mas, infelizmente, muitas vezes essa atitude defensiva é percebida por outras pessoas como arrogância, que acende uma luz vermelha forte no escritório. Em vez disso, tente usar a regra Positiva Negativa Positiva (PNP), em que você intercala todos os comentários negativos ou observações com afirmações positivas. Isso não apenas ajudará você a se expressar sem ofender ninguém, mas as afirmações positivas ajudam os outros a sentirem que estão sendo reconhecidos por seus esforços.

Um exemplo da regra do PNP é algo assim: "Eu aprecio todo o trabalho duro que você fez na proposta. Eu encontrei vários erros no discurso, mas sei que você os corrigirá muito rapidamente. Você está fazendo um ótimo trabalho!". E lá vai você - três cursos intensivos sobre como trazer sua nova autoconfiança para o seu local de trabalho e como usá-la para ajudá-lo a se destacar. Agora, tudo o que resta é para você sair e testá-lo.

Capítulo 7 - Bom Uso da Linguagem Corporal em Boa Liderança

"Conheça seus poderes. O poder de suas palavras, seu silêncio, sua mente, sua linguagem corporal e seu próprio corpo. Controle-os. "- Sonya Teclai

Os seres humanos são seres sociais - isso nós já estabelecemos, e é por isso que tratamos com tamanha seriedade sobre nossa necessidade interagir e como precisamos nos concentrar fortemente na qualidade da comunicação efetiva. O que dizer, o que não dizer, e até como dizer que são coisas sobre as quais não falamos muito. Na verdade, uma das coisas mais importantes quando se trata de criar autoconfiança total, é a Linguagem Corporal.
Desde o início dos tempos, a humanidade tem dependido dos princípios básicos da linguagem corporal para comunicar as mais simples nuances, como o toque de um amante ou o toque de um amigo.

Esses gestos silenciosos multifacetados têm sido objeto de interpretação humana, a ponto de o cérebro humano agora associar certas formas de comportamento a certas ações futuras. Vamos analisar esse comportamento e ações neste capítulo. O que nossa linguagem corporal diz sobre nós e se é isso que queremos dizer.

Vamos começar com as formas comuns de linguagem corporal que geralmente são vistas em pessoas com baixa auto-estima. Pessoas com baixa autoconfiança ou com um baixo senso de valor próprio tendem a variar entre ser defensivo ou fechado. Ambas as características são geralmente identificadas pela tendência de cruzar os braços ou as pernas, uma tendência a se encolher ou se afastar quando falada ou, pior ainda, uma tendência a parecer indiferente ao ser citado.

Agora, a vantagem é que você não faz mais parte deste grupo. Então, a probabilidade é de que sua linguagem corporal já tenha mudado um pouco, mas isso não significa que não seja possível aperfeiçoá-la com algum trabalho adicional. Lembre-se de que até mesmo algumas expressões de rosto podem influenciar a impressão que outras pessoas podem ter de você à primeira vista. Por isso, você precisa garantir que não tenha nenhuma microexpressão negativa.

Você tem tudo para projetar uma boa impressão a partir de agora – então aja como isso! Assuma o controle do seu corpo. Naturalmente, isso não significa que você deva tentar controlar todos os músculos do seu corpo enquanto se comunica com os outros; isso fará com que você pareça uma pessoa estranha e socialmente desajeitada.

Então, em vez disso, respire fundo e se acalme. Você vai fazer tudo o que eu acabei de dizer que você não poderia, mas você vai fazer isso sem nenhum dos sinais indicadores.

Como?

Bem, para começar, vamos nos livrar de todas as posturas defensivas que você está propenso. Chega de cruzar os braços ou as pernas ou de se mexer enquanto fala com alguém. Em vez disso, tente manter contato visual e faça movimentos sutis para dentro com as mãos, se você as mover. Movimentos internos da mão tendem a dar a idéia de que você está conectando suas palavras com o seu eu atual. Isso ajuda a projetar sua própria confiança para a pessoa com quem você está falando, que é exatamente o que você quer fazer.

Pode parecer clichê, mas sorrir também ajuda a mudar sua linguagem corporal. Pense na pessoa com quem você está conversando como seu cliente. É seu trabalho fazer com que eles se sintam bem-vindos e confortáveis. Sorrir ou ter interações positivas antes de iniciar uma conversa importante pode ajudá-lo a construir relacionamentos melhores e mais carregados positivamente.

Saber usar corretamente a linguagem corporal pode ser uma ferramenta muito importante que pode ajudá-lo a interagir e conhecer melhor pessoas ao longo do caminho. Lembre-se de lembrar os traços mais importantes da linguagem corporal em uma pessoa confiante:

- Ande como se você fosse dono do lugar - cabeça e peito para cima, barriga pra dentro e sorriso no rosto.
- Mantenha contato visual com quem quer que você se envolva na conversa. Isso pode ser estranho no começo, mas quanto mais você faz, mais natural se torna.
- Cumprimente as pessoas nas ruas, mesmo que você não receba uma resposta.
- Use gestos de mão quando você fala à frente de grandes grupos ou mesmo em reuniões pequenas.
- Certifique-se de se divertir!

Líderes são sociais

"De fato, a socialização nos fornece as ferramentas para preencher nossos papéis evolutivos. Eles são nossos blocos de construção. "- Warren Farrell

Quanto mais envelhecemos, mais começamos a perceber que o mundo como o conhecemos mudou completamente desde nossas infâncias. Nós saímos de um mundo onde dependíamos de pequenas relações comunitárias e laços com pessoas que cercavam desde a infância, a um que trabalha em escala global, exigindo que interajamos com todos os tipos de pessoas de todo o mundo.

A chave para socializar com pessoas de todas essas diferentes culturas é simplesmente, estar constantemente consciente de si mesmo. Estar ciente de seu ambiente e das culturas das pessoas que o compõem agora, lhe dará uma compreensão concreta de como você deve interagir com diferentes culturas sem ofendê-las. Lembre-se de sentimentos são importantes; você não gostaria que alguém fosse insensível aos seus, então não seja insensível aos das pessoas.

Mas outras culturas são apenas uma parte das variações que vemos fora de nossas próprias portas. Mesmo a comunicação com pessoas mais velhas ou mais novas requer que você adapte seu padrão de fala de alguma forma, para que você seja compreendido e valha à pena conversar. Para iniciar a conversa, seja gentil e comece com um elogio. Se você não tiver um, comece com uma pergunta. Solicitações simples podem permitir que seu convidado se sinta desejado e incentivado, exatamente como você quer que ele se sinta.

Não para aí, no entanto; socializar suavemente se resume a três questões-chave - nós gostamos de chamá-los de os três *As* de Socialização.

Aparência

Para começar, vamos falar sobre o primeiro A, aparência. Pode te incomodar um pouco pensar que você está sendo julgado por sua aparência ou pelo que veste. Mas antes de ficar todo nervoso, tente pensar assim: você não está sendo julgado com base em sua aparência, está sendo julgado com base em como escolhe se apresentar. Lembre-se, você só tem uma chance de causar uma primeira impressão, e a maior parte da comunicação começa antes mesmo de você pensar em suas primeiras palavras. Portanto, é fundamental que suas pistas não verbais, como sua aparência, sejam informativas sobre como você deseja ser percebido.

Abordagem

Nosso segundo A também é sobre sugestões não-verbais em certa medida, já que é sobre a abordagem que você escolhe usar. Agora, sua abordagem é uma mistura de sua aparência e sua comunicação inicial. Resumindo, é como você se depara com a outra parte. Você quer se apresentar como um líder seguro e confiante, mas não como um arrogante. Portanto, é fundamental garantir que sua abordagem seja exatamente como deveria ser.

Atenção

Tudo isso é determinado, em grande parte, pelo final A - atenção. Sua aparência sempre pode ser um pouco mitigada pela sua abordagem, e sua abordagem sempre pode ser atenuada com sua atenção - porque no final o que as pessoas se lembram é de como você as tratou.

E isso resume o nosso método de sete passos para a liderança confiante. É uma jornada longa que nem sempre será fácil, mas se você conseguir se lembrar das razões que o levaram a melhorar sua autoconfiança para começar, pode ser um pouco mais fácil do que parece. Afinal, quem não tem tempo de sobra alguns dias para aprender algo que irá beneficiá-los pelo resto de suas vidas? É hora de você aprender a derrubar suas paredes e celebrar a si mesmo!

Tornar-se um líder mais eficaz pode ser uma jornada externa, mas a vontade de mudar deve vir de dentro.

Conclusão

Obrigado novamente por baixar este livro! Espero que este livro tenha sido de grande ajuda para você e tenha estabelecido com sucesso a base para você seguir e crescer dia após dia. Pratique os princípios ensinados neste livro diariamente e quase posso garantir que você começará a ver os resultados em apenas alguns dias. Como o grande Tony Robbins costuma dizer,

Parte 2

Capítulo 1 - Introdução

Existe uma teoria de que líderes ão são criados; eles nascem assim. Com tantas teorias sobre ciências sociais e de comportamento, é difícil chegar a quaisquer conclusões definitivas sobre o assunto. Similarmente com líderes. Enquanto a liderança pode sim ser uma qualidade genética, educação na área pode ir um longo caminho na direção de tornar uma pessoa uma líder.

Basicamente as pessoas podem ser divididas em dois campos: líderes e seguidores. Você pode contar líderes nos dedos, mas seguidores são legiões. Toda organização social, desde a família até o país, tem uma ou apenas um punhado de líderes controlando o destino da multidão de seguidores sob seu comando. Numa família, pai e mãe são os líderes e as crianças os seguidores; na escola, o diretor e os professores são os líderesne os alunos os seguidores; no mundo corporativo, o

CEO e os gerentes são os líderes e os empregados são os seguidores; numa igreja, o pastor é o líder e os membros da congregação são os seguidores; e na política, o Presidente ou Primeiro Ministro e seus ministros são os líderes e os cidadãos são os seguidores.

Seguidores se mantêm seguidores pois estão contentes em seguir; líderes se tornam líderes porque eles querem estar por cima da horda.

Este e-book apresenta as habilidades de liderança que são necessárias para um líder liderar com sucesso sua organização. As páginas seguintes te levarão pelos três maioreselementos da liderança: habilidades de gerenciamento, habilidades sociais e habilidades de comunicação que, por sua vez, o ensinarão como dominar a arte da liderança.

As pessoas que já se encontram em posições de liderança podem usar o material nas páginas seguintes como um curso de reciclagem para aprimorar suas habilidades de liderança; e seguidores que aspiram tornar-se líderes um dia podem usar o material para dominar as habilidades necessárias para criar um líder.

Capítulo 2 – Habilidades de Gerenciamento

Liderança começa com gerenciamento. Um local de trabalho que está ordenado, calmo e quieto indica que uma boa administração se faz presente. Gerenciamento se refere ao uso eficiente de recursos disponíveis no local de trabalho. Isso inclui, primeiro e acima de tudo, o capital humano que realizada as tarefas assinaladas; e o capital físico necessário para o capital humano executar tais tarrefas.

Capital umano se refere à equipe que compõe o local de trabalho, que está organizada em uma hierarquia baseada em suas habilidades, histórico educacional e experiência profissional. Capital físico se refere ao ambiente de trabalho e seus recursos; como computadores, mesas e cadeiras, papelaria, água, eletricidade e ar-condicionado.

Bom gerenciamento deve assegurar que ambos os recursos acima de trabalho físico e capital trabalhem em sua capacidade otimizada, para que ocorram o mínimo de gastos. Um exemplo de ótimo uso do capital físico em sua capacidade otimizada é o programa de reciclagem de papel: em vez de imprimir cada documento em um lado só, documentos podem ser impressos em ambos os lados da folha. Segundo, para documentos que são apresentados para estudo em uma reunião, os quais serão ultimamente jogados fora, as impressões podem ser feitas no lado em branco de documentos já impressos de um lado. A economia gerada, tanto em termos financeiros para a empresa e custos ambientais para a sociedade serão substanciais.

Recursos físicos são facilmente são bem fáceis de acompanhar, mas os recursos humanos são um desafio ao gerente. Então vamos discutir e pensar em problemas relacionados ao gerenciamento de pesoas nessa seção de habilidades de gerenciamento.

Identificando Habilidades

A pessoa certa para o trabalho certo.

Um exemplo do uso otimizado de recursos de equipe é colocar a pessoa certa no trabalho certo. Geralmente, pessoas são contratadas em uma empresa baseadas em sua entrevista e colocadas na seção a qual há uma vaga, pela qual a propaganda foi anunciada e a qual o candidato respondeu.

Nos primeiros dias de seu trabalho, Nicole executa seu trabalho muito bem e demonstra sua competência na área, que é ligar para clientes. Todos estão felizes.

Mas o gerente tem um olhar aguçado; ele descobre que Nicole não é boa somente falando com as pessoas no telefone, o trabalho pelo qual ela foi contratada; ela também é uma habilidosa escritora. Ele fez essa descoberta quando pediram para Nicole apresentar um documento com suas experiências na área da comunicação com clientes. Suas habilidades de escrita ñunca foram antes descobertas por ninguém. Então o gerente conversa com Nicole: ele pergunta se ela estaria interessada em escrever relatórios para a companhia. Nicole fica entusiasmada com a oportunidade de colocar suas habilidades de escrita para trabalhar. O gerente reduz seu tempo de comunicação por telefone em cinquenta por cento e a põe para escrever relatórios de projetos durante a outra metade do tempo.

O resultado foi que o gerente identificou a pessoa certa para o trabalho certo, e o membro da equipe tem também um senso de satisfação.

Um fenômeno comum que pode-se observar com hábitos de trabalho em equipe é que após dois ou três anos no mesmo emprego, eles começam a ter uma sensação de monotonia em seus trabalhos. Eles continuam nele seja porque eles não têm a ambição de mudar seu curso ou porque o salário é confortável o suficiente para eles nã quererem sair. Boas habilidades de gerenciamento compõem a habilidade de estar atento ao tédio na equipe e identificar suas outras habilidades que podem ser utilizadas em outras áreas da empresa. Então, a empresa se beneficia desde que não haja nenhum custo adicional e o empregado está feliz porque a monotonia do mesmo trabalho foi quebrada por algo novo.

Outro fenômeno que é comumente observado na equipe é que eles recebem um trabalho que eles não gostam ou não são competentes para ele. Por exemplo, um trabalho de recepção pode não ser apreciado por um empregado que não tem a habilidade de interagir com pessoas. Uma funcionária pode sentir sua energia interior sugada de ouvir pessoas o dia todo. Um bom gerente identifica essa característica e, ao invés de repreender a funcionária por sua falta de habilidades inter-pessoais, a coloca de lado e descobre no que ela é boa. Ele pode a colocar em uma atividade correspondente aquela habilidade e colocar outra pessoa com boas habilidades sociais. Neste procecsso, todos ficam felizes.

Portanto, uma habilidade de gerenciamento fundamental é identificar a pessoa correta para o trabalho correto. Como gerente, você pode ajudar a desenvolver uma lista de habilidades dos funcionários em diferentes seções no local de trabalho baseadas em suas habilidades. A maioria dos empregados reeberão essa mudança de ritmo e natureza no seu trabalho e as ver como uma oportunidade que a empresa está dando para seu crescimento ptofissional. Alguns empregados, entretanto, podem ser resistentes à ideia de mudança; tais empregados podem ser deixados onde estão, porque você pode levar um cavalo até a água, mas não pode forçá-lo a beber.

Divisão de Trabalho

Macro-gerenciamento.

Para muitos líderes, delegar funções aos seus subordinados é assustadoramente difícil. Tais líderes passam noites em claro imaginando a falha da equipe em executar tarefas. Eles também se preocupam se a equipe será capaz de entregar o trabalho à tempo. Então eles começam a infernizar a equipe por e-mail ou telefone, pedindo constantes relatórios do estado do trabalho. Alguns gerentes até chegam ao ponto de querer saber quais membros da equipe conduzirão os participantes na próxima conferência e quem entregará os crachás com os nomes. Outros gerentes dizem à equipe para se comportar na presença do diretor da empresa.

Esse tipo de gerente é conhecido como "micro-gerente", alguém que quer estar no controle das minúcias das tarefas. Um micro-gerente é normalmente detestado pela equipe.

Mas por que? Na base do micro-gerenciamento está a inabilidade do gerente em confiar na sua equipe na execução de tarefas e as entregar no prazo. Todos os membros da equipe são conscientes de suas responsabilidades e odeiam ser lembrados constantemente de cumprir com suas responsabilidades. Em segundo lugar, lembretes constantes e ligações para relatórios do gerente, longe de assegurar a atenção dom empregado do seu trabalho, são an realidade uma irritação, e ainda mais uma distração do trabalho em mãos. O empregado está sempre ansioso que ele pode ser chamado a qualquer momento para prover atualizações sobre o trabalho ao qual foi designado.

Outra razão para o micro-gerenciamento é o desejo do gerente de manter controle total do processo ele próprio. Ele sente que seu controle sobre a equipe irá escapar se ele permitir que tenham liberdade para executar a tarefa de sua própria maneira.

Quando os empregados vêem que seu senso de responsabilidade está sendo questionado e seu nível de confiança com o gerente está baixo, eles começam a desenvolver complexos de inferioridade e um desgosto pessoal pelo gerente. Essa não é uma boa situação de jeito nenhum; ela pode ser o começo de uma queda em espiral na moral e afetar a empresa toda como um vírus.

Tal líder tem que aprender a arte do macro-gerenciamento. Um líder deve estar preocupado com a "visão geral" de atingir os objetivos da empresa, não com detalhes pequenos de como o trabalho deve ser feito. Essa tarefa é de um supervisor menor ou um cabeça daquele setor que acompanha os detalhes do projeto em tempo real e provê um feedback ao gerente em horas designadas; como uma reunião de equipe, ou uma reunião de cabeça de stor. Um bom gerente deve permitir que sua equipe tenha a liberdade necessária para pensar e agir de maneiras que os permitam executar o trabalho proposto.

Macro-gerenciamento quer dizer confiar na equipe e confiar no processo.

Reuniões de Equipe

Reuniões de equipe são indispensáveis para um bom gerenciamento. Esteja você no ramo de produção ou na indústria de serviços, reuniões são fundamentais. Sem essas reuniões, a liderança será deixada no escuro em termos de progresso do estado da empresa.

Recapitulação e revisão.

Reuniões de equipe são uma oportunidade para a força de trabalho fazer um inventário (i) do que foi conquistado até agora, e (ii) o que precisa ser feito. Uma reunião de recapitulação pode ser agendada como a última coisa a ser feita na semana, como a sexta à tarde. Isso permite que todos possam se reportar sobre o que foi conquistado durante a semana. Uma reunião de revisão pode ser feita logo após a equipe se apresentar para o trabalho na manhã de segunda após o fim de semana. Isso permite que a equipe se prepare para a semana que está começando.

Agenda.

A frequência das reuniões de equipe depende da natureza dos seus negócios. Por exemplo, a maioria dos hospitais têm reuniões diárias logo de manhã. A razão é que o cuidado com pacientes, sendo um serviço vital, requer informações absolutamente atualizadas para os médicos, enfermeiros e paramédicos. Até mesmo no mesmo negócio, diferentes setores podem ter diferentes agendas. Por exemplo, a unidade de tratamento intensivo de um hospital pode precisar de reuniões duas vezes ao dia, enquanto a ala pediátrica pode fazê-la duas vezes na semana.

Apesar de variações na frequência das reuniões, há certos elementos em comum que todos os líderes necessitam levar em consideração qunado estiverem conduzindo essas reuniões. Vamos dar uma olhada nos mais importantes a seguir.

Encerramento.

Anuncie a hora de encerramento de uma reunião. Isso alivia os participantes, sabendo que eles poderão seguir com a vida, voltar para sua mesa ou ir pra casa. Muitos gerentes têm o hábito de começar as reuniões na hora, mencionando que ela irá continuar até que todos tenham a palavra. Enquanto isso pode mostrar respeito pela equipe, na maioria dos casos isso não funciona, pois as pessoas têm uma tendência, quando elas recebem um microfone, de ficarem falando até alguém as dizer para parar. Isso também é verdade para muitos gerentes conduzindo reuniões; como um sinal de auto-importância, eles ficam falando e falando.

Reuniões que vão por um tempo indeterminado perdem seu propósito; a equipe começa a desligar e perder a noção do que está sendo dito. Além disso, um bom gerente anunciará que a reunião do dia durará até determinada hora, e nada mais. Como o moderador da reunião, o gerente tem a responsabilidade de ficar de olho nas horas, que inclui interromper as pessoas em seu discurso para permitir que os outros falem e prosseguir com a reunião.

Propósito.

No começo de uma reunião, o gerente deve anunciar o propósito da mesma. Pode ser uma visão geral para ver o que vem por aí; ou pode ser para um propósito específico, como um relatório de progresso de um particular programa ou projeto.

Há uma coisa muito importante que um gerente deve fazer à respeito de uma reunião geral ou específica: se um membro da equipe aparecer com um problema durante uma reunião geral, ele deve interromper a pessoa e pedir para que ela guarde aquele problema para uma reunião posterior para aquele problema; vice-versa, s eum membro da equipe começa a comentar problemas gerais durante uma reunião para um problema específico, ele deve pedir para parar e pedir que traga para uma reunião geral.

Similarmente, um bomgerente pode anunciar que se as pessoas tiverem algo para contribuir para o benefício do grupo todo, eles podem falar; mas se eles somente quiserem reportar na situação de um trabalho que estejam executando, não há razão para desperdiçar o tempo das outras pessoas, já que elas podem não estar interessadas no que elas estão fazendo.

A razão pela qual muitas pessoas falam desnecessariamente em uma reunião é que elas sentem uma compulsão de marcar presença; enquanto não falando, o chefe pode pensar que ela não tem nenhum trabalho sendo feito. É por isso que um bom gerente deve acalmar a equipe indicando que somente aqueles que podem contribuir para benefício do grupo todo podem falar e os outros se mantenham quietos.

Mantenha curta.

Uma razão pela qual reuniões são chatas para a maioria das pessoas é que o membro da equipe falando não sabe manter seus comentários e questões simples e curtos. Isso novamente, é responsabilidade do bom gerente assegurar. Das cinco perguntas de "quem?", "o que?", "quando?", "onde?" e "como?", a pergunta "como?" é a que gera as respostas longas. Portanto, um bom gerente deve perguntar ao membro colocando um "como?" para o encontrar depois para uma resposta detalhada à pergunta.

Deixe todos falarem.

Uma reunião é uma oportunidade para todos desabafarem;seja um relatório, um problema ou uma queixa. Portanto, permita que todos tenham a chance de falar. Tendo o membro falado, é sua a prerrogativa de decidir se o problema apresentado deve ser discutido na reunião presente ou se deve ser guardada para uma reunião diferente. A permissão para falar dá aos empregados a sensação boa que eles são membros valiosos da equipe e que suas visões e opiniões são respeitadas.

Contratempos e progresso.

Em gereal, reuniões de equipe tem dois objetivos. Um é relatar obstáculos no caminho para uma tarefa designada. A razão para tais obstáculos pode variar; desde a falta de conhecimento adequado para implementar na tarefa, à falta de recursos adequados para implementá-la. Gerentes devem sempre tomar nota dos obstáculos, e sentar-se imediatamente após uma reunião para resolver o problema ou problemas enfrentados. Se o gerente demorar em remover esses contratempos, sérias consequências podem surgir. Um exemplo é a pesada multa cobrada por atraso na liberação de bens em alfândegas em portos ou aeroportos.

Relatórios de progresso, claro, são música aos ouvidos de um gerente.

Planejamento

Planejamento é a marca registrada de um bom gerenciamento. Panejamento é essencial para evitar reações negativas a eventos e situações. Planejamento possibilita ao gerente entender a natureza do trabalho e se comunicar com a equipe e ter uma visão futura do proeto. Aqui estão alguns dos elementos importantes de planejamento que um bom gerente deve assegurar.

Definir um objetivo.

O gerente deve definir um objetivo claro ao qual o exercício de planejamento está sendo feito. Podem haver mais de um objetivo à frente, mas é melhor planejar um objetivo de cada vez, para não confundir os objetivos e a equipe designadas. Estes podem ser definidos como "objetivos de curto prazo" e "objetivos de longo prazo". Objetivos de curto prazo são geralmente aqueles que devem ser implementados em alguns meses, enquanto os de longo prazo são aqueles que tem prazos maiores.

Prazos.

Defina prazos claros para cada objetivo. Definição de prazos deve levar em conta se o prazo é realista ou não. Isto é, se o obetivo pode ser atingido dentro do prazo. A avaliação de um prazo como realista e alcançávelé baseada em muitos fatores; como a disponibilidade de materiais em tempo, condições climáticas de chuva ou neve, suprimento de energia sem interrupções, feriados e por aí vai. Se um prazo não é realista, medidas corretivas devem ser seguidas. Tanto maior pessoal deve ser empregado para o trabalho, ou o cliente deve ser informado que uma modificação no prazo é necessária. Equipes são normalmente treinadas para trabalhar sob pressão, mas é injusto esperar que eles cumpram prazos repentinos regularmente. Tal situação coloca o gerente em uma luz baixa; ela mostra que o gerente não está fazendo seu próprio dever de casa em definir prazos com seus superiores.

Divisão dos objetivos.

Discutir um objetivo em larga escala soa assustador à todos. Um anúncio no mês de junho para o lançamento de um filme em dezembro provavelmente causará ataques de hipertensão em todo mundo. Mas o mesmo objetivo dividido em partes menores, com prazos quinzenais ou mensais, faz todos relaxarem. O grande anúncio pode ser visto com cinismo, até mesmo medo; mas o segundo dividindo o objetivo principal em alvos menores, introduz entusiasmo entre os membros do projeto. O anúncio de um grande objetivo faz com que ninguém o tome para si, mas planejamento para objetivos menores permitem que a equipe designada àquele objetivo tome posse dele.

Alocação de recursos.

Bom planejamento leva em consideração que fará o que e como. Isso envolve a alocação de conhecimento, mão-de-obra e equipamento. Para um objetivo em particular, pode acontecer que a equipe existente no setor talvez não seja competente o suficiente para executar o trabalho; neste caso o gerente deve requerer uma equipe capaz de outro setor, de fora ou mesmo terceirizar o trabalho. Qualquer que seja, a ideia é que as pessoas certas para o trabalho devem ser postas para tabalhar. Similarmente com recursos físicos. Bom planejamento inclui fazer uma lista de todos os equipamentos e acessórios necessários para a execução do projeto; frequentemente acontece que no meio do caminho, recursos secam e todos sentam-se à toa até que os recursos estejam disponíveis novamente. Esta situação é a menos indesejável para a empresa já que resulta em custo de escalação desnecessário. Essa situação é frequentemente observada em serviços públicos, onde um projeto chega a um fim abrupto devido à repentina falta de recursos.

Antecipar contratempos.

A marca de uma boa gerência é a antecipação de contratempos e fazer previsões adequadas para suas eventualidades, ao invés de tentar os remover conforme forem aparecendo. Nenhum prjeto funciona como uma máquina; ele sempre passará por contratempos. Um bom gerente, através de sua própria experiência e a da sua equipe serão capazes de antecipar muitos deles e tomar as provisões adequadas. Contudo, apesar dos seus melhores esforços em antecipar contratempos, haverão alguns que não podem ser antecipados, como um furacão ou um incêndio num depósito. Estes contratempos desagradáveis precisam de um pensamento fora da caixa por parte do gerente para serem removidos.

Avaliação de performance

A avaliação de performance da equipe é geralmente uma experiência estressante, tanto para o gerente quanto para o empregado. Para os empregados, ela indica um momento onde eles serão observados por todos os seus atos de omissão ou comissão durante o ano. Para o gerente, é um momento onde ele tem que fazer o trabalho desconfortável de escrever todos os seus atosde omissão e comissão durante o ano. Mas por quê deve ser uma experiência desagradável?

Um bom gerente pode transformar esse evento anual normalmente desagradável em um exercício produtivo das seguintes maneiras.

Monitorar a performance do empregado.

Há duas maneiras excelentes de monitorar a perfomance do empregado. Uma é o gerente manter notas referentes a performance de cada empregado; e a outra é fazer com que cada empregado tome notas de sua própria performance durnte o ano. Devido à natureza humana, as falhas dos empregados irão ocultar seus sucessos aos olhos do gerente, enquanto que aos olhos do empregado, seus sucessos irão ocultar suas falhas. Portanto o método de ambos gerente e empregado manter notas do trabalho dos empregads durante o ano irão evidenciar ambos sucessos e falhas dele.

Enfatizar sucessos.

A retenção de empregados é conquistada quando a gerência enfatiza seus sucessos no lugar das falhas. Olhando num todo, fica evidente que uma organização continua se movendo durante o ano devido aos sucessos indivuduais e da equipe. Se as falhas dos empregados ocultam seus sucessos, então a organização irá parar abruptamente. Esta observação se mostra verdadeira para o mundo em geral; o mundo continua girando devido às boas ações da maioria da população humana em vez das más ações da minoria. Os empregados se sentem motivados quando seus sucessos são enfatizados; sua lealdade à empresa se fortalece.

Mas isso quer dizer que as falhas dos empregados não devem ser identificadas?

Áreas de melhora.

Remova a palvra "falha" completamente do vocabulária de avaliação de performance. Substitua por "áreas de melhora". Por um lado, essa expressão é uito mais amena que "falha", que implica que o empregado alcançou o fim da linha e de onde não pode escapar. Por outro lado, "áreas de melhora" implica que há diversas maneiras disponíveis às quais o empregado pode melhorar sua performance.

O gerente pode recomendar que o empregado vá para um programa de treinamento, o conteúdo, duração e local dependerão do que o empregado precisa melhorar. Assim que o treinamento acabar, o gerente deve agendar uma sessão de feedback entre ele o empregado para ver o que o empregado aprendeu e como ele pretende implementar õs elementos do treinamento para melhorar seu trabalho. Adicionalmente, é uma boa ideia agendar uma apresentação feita pelo empregado para os outros empregados sobre o treinamento que recebeu; desta forma, os benefícios do treinamento são passados adiante para os outros empregados sem custo extra à empresa.

Outro passo que o gerente pode tomar para ajudar o empregado a melhorar sua performance é agendar sessões de aconselhamento regular entre ele e o empregado. Através dessas sessões, o gerente pode monitorar a taxa de melhora do empregado e descobrir exatamente onde o empregado falha na execução das tarefas designadas.

Às vezes, pode acontecer que apesar das medidas acima, o empregado pode não ser capaz de melhorar os níveis desejados.

Este é um indicador claro que o empregado não tem as competências básicas para realizar aquele trabalho em particular. Portanto, pode ser uma boa ideia que o gerente recomende que ele seja movido para uma seção diferente onde seus talentos possam ser colocados em uso.

Programas de Recompensa

Seguindo as avaliações d eperformance dos empregados, bons gerentes devem oferecer recompensas e incentivos aos empregados. Isso pode ser feito através de programas de recompensa adequados e conduzidos anualmente. Um programa de recompensas é um grande motivador para os empregados. Ele ajuda os empregados a avançar em suas carreiras com um senso de sasitsfação e de realização e ajuda a empresa a aumentar sua taxa de retenção. Aqui estão algumas dicas em como montar um programa de recompensas.

Cofraternização anual.

Todo ano, seja no começo de um festival popular ou próximo do final do ano financeiro, organize uma confraternização. Dependendo das finanças da empresa, este pode ser um baile de gala que inclui a família dos empregados. Pode ser em um local exótico. A confraternização deve ser um momento de diversão para os empregados e incluir eventos como atividades de equipe, um concurso de roupas extravagantes, um show infantil e um fechamento com um jantar dançante.

Prêmios.

Reconheça o trabalho dos empregados através de prêmios. Estes prêmios podem ser para diferentes categorias de performance, como "melhor vendedor", "profissional de marketing excepcional", "melhor gerente de produção" e por aí vai. Prêmios também podem ser dados para reconhecer os empregados não só como "o melhor", mas para mostrar uma melhora em direção à uma meta da empresa. Recompensas em dinheiro podem acompanhar esses prêmios. Pessoas excepcionais podem ganhar um ticket para um local de férias. Algumas pessoas excepcionais podem ser escolhidas para receber um aumento de salário ou de posição.

Qualquer que seja a natureza do prêmio, apenas reconhecer os empregados com uma recompensa adequada dá ao empregado uma elevada psicológica de que uma boa peformance será recompensada por um movimento ascendente na empresa.

Treinamentos.

Embora treinamentos sejam uma ferramenta de avaliação, como discutido antes, eles também podem ser parte de um programa de recompensa. O treinamento será percebido como um prêmio pelos empregados selecionados para tal prêmio de o local de treinamento for fora do escritório, em um ambiente que seja tanto de diversãoe trabalho. Treinamentos nas montanhas ou em resorts na praia, ou mesmo em um escritório da empresa em outro país são uma excelente maneira de recompensar os empregados e alimentar seu crescimento na empresa.

Nota de rodapé: Desincentivos.

Como um gerente, você inevitavelmente irá se deparar com empregados que, apesar de todas as oportunidades que você os ofereceu, permanecem abaixo da média. Frequentemente, tais empregados tendem a estar próximos da aposentadoria, ou são pessoas que naturalmente não estão abertas para aprender e crescer. Tais empregados devem receber uma oferta de desincentivo, como um plano de aposentadoria mais cedo. Emregados que persistem em uma performance negativa devem ser demitidos. Um gerente tem que antecipar a conclusão de tais empregados, e adiantar as preparações para sua saída, para que o evento de saída seja o menos dolorido possível.

Capítulo 3 – Habilidades Sociais

Liderança não é somente ser um bom gerente, gerenciar o escritório e as as habilidades de gerenciamento que essa atividade requer. As habilidades de gerenciamento de um líder precisam ser complementadas por habilidades sociais também. Isso é porque o líder é um ser social e passa muito tempo interagindo com todos os setores da sociedade. Como gerente, ele é visto na sala de reuniões com o pessoal da direção; como ativista social, ele é visto em espaços públicos advogando uma causa social; como político, ele é visto em reuniões com outros líderes políticos forjando assinaturas; como um magistrado, ele é visto nos fóruns pronunciando julgamentos que têm profundo efeito na vida de litigantes.

Em todas essas ocasiões, o líder deve mostrar suas habilidades sociais, ou graças sociais, como são também chamadas. Habilidades sociais podem ser definidas como a arte de se desenvolver em grupos sociais. Tais habilidades incluem a maneira de falar, comer, gesticular, vestir-se e caminhar, para dizer algumas.

Habilidades sociais variam dependendo do local do evento social, seu propósito e as pessoas que compõem o grupo social. Portanto, uma reunião de amigos irá requerer diferentes habilidades sociais daquelas em uma uma festa do escritório.

Como um líder se conduz diante da sociedade define o comportamento social de seus seguidores; na maioria dos casos, o líder tem é o modelo da sociedade. Esta é a razão pela qual revistas de moda e de filmes tem tantos seguidores; as pessoas no mundo da moda e dos filmes definem as tendências com seus trajes e esses designs são então disponibilizados nas lojas para seus seguidores comprarem. Outro exemplo do papel de um líder em moldar os gostos e sentimentos da sociedade é Mahatma Gandhi, cujas demonstrações da arte da não-violência como um mecanismo de resolução de um conflito foi seguida por Martin Luther King Jr no movimento de direitos civis nos Estados Unidos, e mais uma vez por Nelson Mandela em desmantelar o apartheid na África do Sul.

Então nessa seção, nós vamos ver algumas habilidades sociais que definem a personalidade de um líder e o colocam à frente nos grupos sociais.

Projeção Pessoal

Líderes chamam a atenção para si devido a uma qualidade peculiar chamada "força de personalidade". Desde que essa é uma habilidade abstrata, é notoriamente difícil de notar. Mas ela pode ser descrevida. Vamos fazer essa tentavida nessa sessão.

Carisma.

Um líder tem a característica especial de atrair as outras pessoas para si. Uma palavra para expressar essa misteriosa qualidade interior é "carisma". É a projeção de uma qualidade abstrata e indefinida que resulta na atração de outras pessoas para si. Há várias razões às quais uma pessoa possui carisma. A pessoa pode possuir certas qualidades que o diferenciam das outras pessoas, como *absoluta*honestidade. A maioria de nós somos, em geral, honestos; mas há muitas ocasiões onde somos meio-honestos, ou puramente desonestos. Todavia, alguns líderes possuem honestidade *absoluta*; isso é seu carisma. O profeta Maomé foi uma dessas pessoas; ele ficou famoso por sua absoluta honestidade, é por isso que as pessoas deixavam seus pertences com ele por meses ou anos em suas expedições de vendas, certos de que suas posses seriam devolvidas intactas quando retornassem. O carisma de alguns líderes políticos vem de sua absoluta devoção à causa da sociedade.

Higiene pessoal.

Higiene pessoal tem uma papel importante na projeção da persona d eum líder. Um líder deve estar bem-preparado. Observe que líderes espirituais, que comandam grandes multidões, sempre estão limpos e bem arrumados. Mesmo que se eles tenham barba, esta nunca está desarrumada, mas mantida em ordem. O velho ditado "limpeza está próxima à divindade" certamente se mostra verdadeira.

Depois da limpeza como a pedra angular da higiene pessoal, vem os odores corporais. Algumas pessoas sofrem com odores corporais como algo que emana naturalmente de sua pele; as causas são variadas, de hábitos alimentares à problemas de pele. Outros emitem odores devido ao suor, particularmente em climas tropicais, o suor éo maior causador de odores devido ao calor e à umidade destes climas. Formação de suor também se dá a atividades físicas. Muitas pessoas emitem odores porque elas falham em manter seus corpos limpos. Qualquer que seja a causa, o resultado de odores corporais é que eles tendem a manter a spessoas longe de você.

Portanto, uma habilidade social importante que contribui na criação de um líder, é a higiene pessoal. Para a limpeza pessoa, tome banho todos os dias. A água do chuveiro limpa do corpo a poeira e oleosidade que se acumula, abre os poros para uma melhor oxigenação e dá uma sensação de frescor à mente. Os cabelos devem ser lavados regularmente para os manter livres de poeira e oleosidade também; isso se aplica particularmente às líderes em formação que mantém um cabelo longo. Homens líderes quem mantém barbas devem lavá-las regularmente, e se eles não tiverem inibições quanto a isso, as cortarem para um aspecto mais limpo. Um desodorante deve definitivamente ser usado, seja em climas tropicais ou outros climas; o cehiro refrescante de um desodorante é apelativo tanto para você e para os outros.

Vestimentas.

"A indumentária frequentemente proclama o homem," disse Shakespeare; traduzindo, nós somos julgados pelas roupas que vestimos. Portanto, um líder deveria definitivamente marcar presença com suas vestimentas.

Note cuidadosamente que usamos a palavra "estilo" aqui, e não "moda". Moda denota a tendência do dia; ela passa a todo momento. Alguns modismos ficam por lngos períodos de tempo, mas a maioria é momentânea. Por outro lado, estilo é sua afirmação de estilo pessoal;

ela define a sua personalidade. Você pode pegar um elemento ou dois de uma tendência, mas defina seu próprio estilo, algo que outros irão admirar e seguir.

Com muitas observações sobre a vida, Shakespeare deu bons conselhos à respeito das roupas que alguém deve usar. Em sua peça *Hamlet*, Polonius diz a seu filho Laertes quando ele está para partir para a França para estudar, "Custeia vossos hábitos o quanto vossa bolsa possa comprar, mas não mostre extravagante; rico, não espalhafatoso; pois a indumentária frequentemente proclama o homem...".

Seguindo o conselho de Shakespeare, para se fazer uma afirmão de estilo, você não precisa se vestir com roupas caras; compre roupas que caibam no seu orçamento. Suas roupas devem parecer ricas, mas não estranhas. Você pode parecer chamativo, mas não espalhafatoso.

Como você vai se vestir depende de como você irá usar suas roupas. Vestir-se para o escritório é uma coisa, para ma festa com os amigos é outra e se vestir para uma confraternização é ainda outra.

Nós lhe oferecemos este mantra para seu estilo: "Elegância".

Ouvir

A segunda habilidade social necessária para uma boa liderança é a arte de ouvir. Muitas pessoas pensam que ouvir é o mesmo que escutar, mas não é. Escutar se refere a sons ao nosso redor que nosso cérebro registra superficialmente. Muito de escutar então inclui ruídos, como buzinas de carros, canto de pássaros, pessoas discutindo, mpusica de fundo e por aí vai.

Ouvir e escutar.

Mas ouvir vai muito além de escutar. Isso se refere aos ruídos os quais escolhemos prestar atenção para que nosso cérebro capte estes sons em um nível mais profundo. Por exemplo, podemos decidir que nós queremos prestar atenção no canto de um pássaro específico por qualquer razão. Então, ao invés de permitir que esse canto simplesmente exista na superfície do nosso cérebro e vá embora, nós o mandamos para as camadas mais profundas. Aqui nós examinamos o som com mais detalhes, como em quais oitavas o pássaro está cantando, quais outros sons esse canto lembra e com qual frequência ele está cantando.

Atenção.

Ouvir como uma habilidade social envolve completamente atenção no que o falante está dizendo. Um líder tem que ouvir as palavras e então as absorver para serem processadas pelo seu cérebro. Ele deve refletir nas palavras do falante e então dar as respostas apropriadas.frequentemente acontece que as palavras ditas pelo falante significam uma coisa em um nível superficial, mas quando examinadas a um nível mais profundo, elas têm conotações diferentes. Por exemplo, se um gerente convoca uma reunião às oito da manhã e uma funcionária o diz em uma maneira perturbadora que é muito cedo para ela, ela não está fazendo nenhum comentário. Boas habilidades sociais do gerente requerem que ele preste atenção no que ela quer dizer em um nível mais profundo; ela está tentando avisar o gerente que ela tem dificuldades em chegar no escritório mais cedo e está pedindo que a reunião ocorra mais tarde. As escrituras hindus mencionam três estágios de prática espiritual, cuja primeira é a *shravana*, ou ouvir; a segunda é *manana*, estar atento ao texto e refletir em sua importância.

Educação.

Ouvir como uma habilidade social para um líder tem o grande benefício de se educar acerca dos problemas, necessidades e desejos de seus seguidores. Usando o exemplo da funcionária, se o gerente ouvir atentamente às suas palavras e à sua linguagem corporal, ele será educado sobre como os empregados vêm para o trabalho e as dificuldades que eles enfrentam. Portanto, ele pode se tornar mais compreensivo e consequentemente mais humano. Há muitas opções disponíveis para ele tornar a vida da sua equipe muito mais fácil. Por último, ele será visto como um verdadeiro líder e isso contribuirá para seu carisma como líder.

Respeito

Uma das maiores características de um líder é respeitar os outros. Portantom respeito é uma habilidade social que um líder deve desenvolver. Respeito pode ser definido como a qualidade de ser deferente com outra pessoa no que se refere a idade, experiência, opiniões e contribuições, para mencionar apenas algumas. Vamos dar uma olhada em algumas dessas agora.

Idade.

As habilidades sociais de um líder incluem o respeito a outra pessoa referente à idade dela. Deferir em favor de outra pessoa sendo mais velha ou mais nova que você é sinal de que você valoriza a juventude e a maturidade, conforme o caso. Em ambos os casos, você reconhece que tanto pessoas jovens quanto mais velhas podem ter algo de valor para contribuir. Uma pessoa mais jovem, por virtude de estar ligada ao presente, pode saber mais de um determinado assunto que você. Pessoas mais velhas trazem lições de valor da sua história. Muitos líderes reportam procurarem a companhia de pessoas jovens, já que elas têm muito mais o que ensinar que pessoas velhas. Não só isso, mas pessoas mais velhas também dizem que a companhia de pessoas jovens as faz sentirem mais jovens.

Gênero.

Ser deferente a gênero se aplica a homens. Uma habilidade social importante para líderes homens é respeitar o sexo oposto. Ninguém realmente sabo o porquê, mas isso é algo comum em todo o mundo. Na Idade Média, "cavalheirismo", "bravura" e "cortesia" eram termos usados para descrever a deferência masculina às mulheres. Elabore práticas evoluídas para mostrar atos de cortesia às mulheres. Apesar do movimento feminista que advoga pela igualdade dos sexos, a graça social demanda que homens prestem o devido respeito às mulheres.

Manifestações de respeito às mulheres incluem abrir portas de carros, elevadores e lugares, permitir que mulheres falem primeiro e, em alguns países, reservar assentos em transportes públicos para mulheres.

Experiência.

Respieto pela experiência é outra habilidade social que um líder deve desenvolver. Quando estiver entrando num projeto, o líder deve perguntar a todos os membros que constituem o projeto a natureza da experiência de cada um relacionada ao projeto vigente. É natural que um líder não possua toda a experiência necessária para executar um projeto, mas ele deve ter o hábito de deferir a experiência dos outros, sejam mais jovens ou mais velhos, homens ou mulheres, para contribuir na imiplementação do projeto. Esta prática de respeitar a experiência dos outros e deferir à ela, longe de demonstrar incompetence do líder, aumenta seu carisma.

Opiniões e pontos de vista.

Outra habilidade social que um líder deve ter é pedir as opiniões e pontos de vista dos outros. Um líder, uma vez que ganhou a posição de liderança por virtude de ter sido eleito, nomeado ou confiado àquela posição é confrontado com a tentação de se tornar autoritário na maneira de lidar com os outros. Mas um verdadeiro líder reconhece que a opinião e os pontos de vista dos outrospodem contribuir para formatar seus prórpios pontos de vista sobre o assunto e consequentemente suas direções e instruções para concluir um projeto.

Humildade.

Fundamentalmente, a habilidade social descrita no contexto do respeito, vem de uma atitude de humildade. Uma pessoa pode mostrar respeito à outra somente quando ela é humilde em seu temperamento. Então, humildade em si é uma habilidade social que líderes devem cultivar. Em sua profunda sabedoria, Mahatma Gandhi prescreveu que uma pessoa faça a limpeza de seu vaso sanitárioela mesma como um exercício no cultivo da humildade. É por isso que, embora alguém possa ter problemas com as políticas de Gandhi, uma pessoa não pode renegar sua humildade, algo que ilumina o caminho diante de si.

Uso da linguagem

Líderes comandam através do uso de sua linguagem. Seguidores esperam pelas palavras do líder. O uso das palavras de um líder pode levar as pessoas à ação, para o bem e para o bem ou para o mal. Um líder pode levar nações à beira da guerra através do uso habilidoso da linguagem e podem os motivar a se superar para um bem maior. Um exemplo deste último é o discurso meorável de Churchill aos ingleses durante a Segunda Guerra em um momento em que a moral deles estava em seu pior: "Nós iremos até o fim. Lutaremos na França, lutaremos nos mares e oceanos, lutaremos com confiança crescente e força crescente nos ares; defenderemos nossa ilha, custe o que custar. Nós lutaremos nas praias, lutaremos em nossas terras, lutaremos em nossos campos e em nossas ruas, lutaremos nas colinas. Nós nunca nos renderemos." Como nos conta a História, esse discurso levantou a moral caída dos ingleses a um ponto em que todo o país se reuniu como uma só pessoa e venceu a guerra.

Aqui vão algumas recomendações sobre o uso social da linguagem por um líder.

Educação.

A habilidade social no uso da linguagem requer que a fala de uma pessoa seja educada. Grosseria na fala nunca fará um líder cativar seus seguidores, mas dignidade em suas comunicações sociais irão. O discurso acima de Churchill é uma boa demonstraão dessa afirmação. A fala é altamente motivante e há uma dignidade nas palavras. Por causa dessa qualidade de liguagem digna, esse discurso em particular se tornou um símbolocomo um dos maiores do mundo.

Ataques pessoais.

AS habilidades sociais para líderes proíbem completamente seu uso para fazer ataques pessoais contra alguém. É triste que no mundo de hoje o nível de decência desceu a um nível tão baixo que líderes políticos parecem ter perdido todas as papas na língua para atacar uns aos outros, incluindo a aparência física, hábitos alimentares, modo de se vestir e orientação sexual. Oratória é o carro-chefe de um líder, mas oratória quer dizer levar em conta os pontos de vista e opiniões do oponente e nunca atacá-lo no âmbito pessoal. Tais líderes são líderes apenas no nome. Eles são completamente incompetentes na graça social do uso correto da linguagem. Note que no discurso acima, Churchill não fez nenhum ataque pessoa ao inimigo.

Motive e acalme.

Um dos usos da linguagem nas habilidades sociais de um líder é o de motivar seus seguidores bem como acalmar suas emoões. Um líder é capaz de usar essas habilidades para incitar violência e tumultos. Ao mesmo tempo, ele pode motivar as pessoas para uma boa causa, como o exemplo de Churchill. Como

Chucrchill, você, como um líder de gerenciamento pode usar suas habilidades de linguagem para motivar sua equipe para uma maior produtividade, construção de equipe e conquista de objetivos. Da mesma forma você pode usar suas palavras para acalmar o calor emocional de seus seguidores. Por exemplo, em um debate acrimonioso entre membros de equipes opostas, você pode usar a linguagem para mediar as partes e baixar a tensão para níveis controláveis. Uma vez que esse exercício é concluído, você pode encontrar um meio termo entre os pontos de vista de ambas as partes.

Sugira.

Uma das maiores habilidades sociais que um líder deve possuir é a de "sugerir" um curso de ação, mas nunca "mandar". Ninguém gosta de ser mandado, mas todos aceitam sugestões. O truque é que uma vez que seu carisma como líder foi estabelecido, suas sugestões serão recebidas como ordens. Então você, como aspirnte a líder, tem que trabalhar em direção ao objetivo de usar a linguagem para sugerir um plano de ação, e não o mandar.

Sua maneira.

Do mesmo modo que fazer sugestões, uma habilidade social de um líder é não dar ordens éticas, mas indicar que um curso de ação em particular funciona para ele. Esse tipo de linguagem acalma os seguidores mostrando que o líder não é uma estatura ética superior, mas um ser humano assim como eles. Como o modo de linguagem de "sugerir" descrito acima, seu carisma irá, cedo ou tarde, fazer com que seus seguidores tomem o mesmo curso de ação que você disse funcionar para você.

Socializando

As habilidades sociais de um líder incluem a socialização. Um líder deve ser visto em meio a seus seguidores em uma variedade de situações. Nós podemos facilmente testar a verdade nas afirmações olhando para o histórico de líderes religiosos e políticos na História. Jesus, o Buda, e o profeta Maomé estavam constantemente na companhia de seus seguidores: ensinando, dando instruções, aconselhando, motivando e mesmo comendo com eles. Líderes políticos sempre são vistos na companhia de seus eleitores. Portanto, socializar é uma habilidade social que um líder deve possuir se ele quer ser bem sucedido entre seus seguidores.

Vamos dar uma olhada em algumas situações para exemplificar.

Trabalhando lado a lado.

Como chefe, você pode escolher ficar trancado em seu escritório e se reunir com sua equipe por agendamento. Essa atitude passa a mensagem de que você não quer se socializar. Portanto, você arrisca seu papel na liderança na empresa.

Por outro lado, é uma grande ideia sair do escritório de vez em quando e se reunir com a equipe no trabalho deles, em qualquer nível. Digamos que um dia você decide dizer à recepcionista para fazer um almoço extendido com os colegas dela e que você tomará conta da recepção por uma hora. Primeiro de tudo, o resto da equipe presente na sala irá te estranhar, mas logo irão te admirar. Você aprenderá uma grande lição com essa atitude: você irá entender a natureza exata do trabalho da recepcionista, suas dificuldades, suas pressões e a constante atençã requerida. Portanto, você terá um entendimento muito melhor da recepcionista como uma profissional no trabalho.

Em um outro dia, você pode decidir descer até a cafeteria e trabalhar na máquina de café por uma hora. Primeiro, ajudará a reviver seu conhecimento enferrujado do trabalho mecânico de loja. É provável que você danificará um produto ou dois no processo, mas logo que você sentirá uma emoção quando suas mãos elevarem seu produto à perfeição. Essa hora audará a entender a monotoniade um homem-máquina e o levará a tomar medidas para aliviar isso. Portanto, você será percebido como um líder com um lado humano, e isso aumentará seu carisma.

Muitos gerentes não param para se colocar no lugar dos membros da equipe no trabalho da perspectiva deles. Eles não apreciam a grande quantidade de multi-tarefas que um profissional tem que fazer, não importa que eles tenham sido contratados para um trabalho específico.

Escolhendo seu assento.

Um aspecto importante da socialização é decidir onde você quer se sentar em uma reunião social. Esta ação passa uma mensagem. Vamos pegar o exemplo comum da socialização no refeitório do escritório. Com quem você vai se sentar? Se você observar os agrupamentos em um refeitório, verá que os empregados de um mesmo setor ou um mesmo nível tendem a se sentar juntos, como se diz, "farinha do mesmo saco".

Mas como um líder, você pode quebrar essa síndrome psicológica de exclusividade e mostrar o caminho para a inclusão. Você pode ser a cola que liga o escritório todo junto através de sua atitude horizontal. Um dia você pode decidir sentar-se com os zeladores, outro dia coma equipe da sala de expedição e outro dia com os gerentes. Gradualmente você pode trazer outro gerente com você para se unir a outro grupo, e dessa maneira contribuir para que todos se misturem com todos, e não só com seus semelhantes.

O mesmo conselho serve para uma função social. Como um líder em construção, você pode deliberadamente escolher um assento que o coloca perto de alguém que você não conhece bem ou não conhece absolutamente nada. Como na situação do refeitório, e nesta situação também, essa atitude provê randes oportunidades para você vir a conhecer pessoas relativamente estranhas muito bem.

Em suma, escolher seu assento entre os que não são familiares contribui imensamente na construção de um time, o que é um dos objetivos importantes de um líder.

Convites

Um líder recebe inúmeros convites durante o dia.Então ele deve julgar quais aceitar e quais recusar. Isso é parte do desenvolvimento das habilidades sociais. Uma pessoa que envia um convite o faz por diversas razões. Ela talvez só queira o prazer da sua companhia. Ela pode pensar que sua presença acrescente valor ao seu evento. Ela pode aproveitar essa oportunidadde para aprofundar seus interesses profissionais ou de negócios. Ela talvez queira expandir seu círculo de contatos.

Qualquer que seja a razão, todo mundo que envia um convite espera que você o aceite. Todavia, devido à falta de tempo, é fisicamente impossível aceitar todos os convites que aparecem. Então você deve tomar decisões justas sobre quais aceitar e quais recusar. Cada aceitação ou recusa envia uma mensagem a quem o convidou.

Assim como a agenda oculta nos convites das pessoas a um líder, o líder deve ter sua agenda própria na aceitação ou recusa de convites. Algumas das perguntas que você deve fazer como um líder incluem: "O quão importante é a pessoa para a minha causa? Essa é uma pessoa nova a quem eu possa atrair para meu rebanho? Posso adiar esse convite para outra hora? Essa é uma organização com a qual eu definitivamente não quero me envolver?"

A habilidade social específica envolvida na aceitação ou recusa de convites é a linguagem que você utiliza para tal. Nós recomendamos que todo convite que você aceitar tenha um toque pessoal; você pode dizer o quão feliz você se sente, que está ansioso para o evento ou que você se lembra de ter conhecido a pessoa e aprecia o convite para renovar a apresentação.

Recusar um convite é uma habilidade social que deve ser realizada com destreza. Nos casos onde você sente que manda-chuvas estarão presentes mas você não acha que é uma hora apropriada para aceitar o convite, seria justo da sua parte pegar o telefone e recusar enquanto agradece o convite. Na maioria das ocasiões, está tudo bem em escrever uma pequena nota recusando o convite.

Capítulo 4 – Habilidades Comunicativas

A terceira habilidade vital para um líder é a comunicação. Um líder deve permanecer em constante comunicação com seus seguidores. Ele deve usar uma variedade de meios para se manter em comunicação. A maioria das comunicações são orais, seguidas por escritas. Então há mídias de comunicação que são completamente abstratas. Como um líder comunica sua mensagem tem um grande papel na ação comunicada na mensagem será transmitida Líderes não podem tirar conclusões sobre sua coomunicação. Como uma certa consequência desta comunicação, ele não pode se desculpar, dizendo que queria dizer isso ou aquilo. Então, ele deve tomar atitudes para se assegurar de que sua comunicação é recebida por seus seguidores da amneira que ele quis dizer. Vamos examinar esse aspecto com mais detalhes a seguir.

Linguagem Corporal

Linguagem corporal é um método de comunicação não-oral e abstrato. Na maior parte do tempo, uma pessoa está atenta à sua linguagem corporal e a mensagem que está, portanto, passando. A linguagem corporal transmite suas emoções e sentimentos àqueles que interagem com você.

Apertos de mão.

Uma forma de linguagem corporal é como você aperta a mão de alguém. (Estamos falando de apertos de mão em culturas onde o contato corporal é permitido) Seu aperto de mão deve ser firme ao toque. Ele diz ao recebedor que você é uma pessoa amigável e valoriza seu contato. Se você pegar na mão da outra pessoa com firmeza, as chances são de que a outra pessoa aperte sua mão da mesma maneira. Então só um aperto de mãos pode ser o suficiente para fazer um amigo. Um exemplo muito bom disso é a maneira que pastores apertam as mãos da sua congregação após um culto. A pegada firme do pastor diz aos membros que o seu pastor é uma pessoa com quem eles podem contar em tempos de crise física ou espiritual.

Corpo para frente.

Em reuniões ou eventos sociais, se você amntiver seu corpo para frente durante conversas, a postura transmite a mensagem de que você valoriza a pessoa com quem você está conversando ou o grupo o qual ela faz parte. Ela mostra que você está interessado na conversa que pode ter e pode fazer contribuições sobre o tópico.

Os olhos.

Seus olhos são grandes comunicadores. Você pode expressar uma grande variedade de emoções através de um uso inteligente dos seus olhos. Se quiser passar uma expressão de neutralidade, você pode olhar para a pessoa sem expressão. Por outro lado, se você quer expressar surpresa, você pode erguer as sobrancelhas e arregalar os olhos. Se você se setir estimulado pelo que a pessoa disse, você pode fazer seus olhos brilharem.

As sobrancelhas.

Quando você une suas sobrancelhas, isso diz que você está profundamente interessado no assunto e está pensando sobre. Ele mostra que você está seguindo a linha de pensamento do falante e se preparando para dar uma resposta, se necessário, Também é um convite para o falante para elaborar mais sobre o assunto.

Mudar de posição.

Constantes mudanças de posição enviam a mensagem de que você não está mais interessado no assunto. Isso demonstra tédio e monotonia. Um bom líder lerá essa mensagem instantaneamente e tomará ações corretivas para devolver o interesse do participante ao assunto.

Clareza de Instruções

Boas habilidades comunicativas demandam absoluta clareza na comunicação sendo entregue. A marca registrada de um bom líder é assegurar que seus seguidores entendam claramente o que ele está tentando transmitir e a ação ou ações subsequentes que ele quer que seus seguidores tomem. Ações invariavelmente seguem comunicação. Um líder espiritual comunicando um dscurso está subtamente pedindo que seus seguidores ajam sobre a mensagem em seu discurso. Um gerente de escritório mandando um memorando está dando instruções do que ele espera que a equipe faça. Um professor passando dever de casa a seus alunos está passando a mensagem que ele espera que os alunos completem a tarefa. Um líder político passando um manifesto está prometendo às pessoas uma lista de serviços públicos que ele irá cumprir se eleito. As pessoas as quais instruções são dadas devem ter uma sensação de satisfação de que eles sabem exatamente o que deve ser feito.

Clareza de instruções deve ser o elemento primário de todas as comunicaões acima. Então, como clareza de comunicações pode ser conquistada?

Quem?

No final de uma reunião de equipeconvocada para discutir uma tarefa, peça a voluntários para implementar a tarefa. Se ninguém se voluntariar ou o número de voluntários não for o suficiente, defina membros da equipe para o trabalho. Decidir nomes é um passo para a clareza de comunicação. Similarmente, se você quiser que um grupo execute uma tarefa em conjunto, mande membros da equipe para o grupo, não só aponte para o grupo e diga que eles devem discutir entre eles e implementar o projeto. Às vezes, uma tarefa deve ser totalmente terceirizada devido à natureza do trabalho.

O que?

Uma habilidade comunicativa vital é a capacidade de explicar precisamente a visão geral de um projeto, e então dividí-lo em partes menores que são alcançáveis por membros individuais ou grupos da equipe. Cada pequena parte do pojeto precisa ser explicada precisamente. Precisão em descrever uma tarefa assegura que não há confusão entre os membros da equipe no que se refere a quem fará o que.

Como?

Descrição de uma tarefa é seguida por como ela será feita. Aqui, um líder pode falar por sua própria experiência, assim como pedir a opinião de membros da equipe qualificados. Este é um componente vital da comunicação e precisa ser lembrado como tal. Uma maneira de implementar uma tarefa é dividí-la em vários passos e discutir como cada passo será alcançado.

Quando?

Cada passo precisa de um prazo. O prazo pode ser de alguns dias antes de um prazo final do qual aquele passo não pode se extender, devido a considerações contratuais, financeiras ou outras. Como o líder, você tem que definir prazos que sejam realistas. Você também tem que explicar as consequências da não-adesão aos prazos definidos.

Onde?

A questão do local de um projeto é importante na comunicação. Se um projeto tem um local de implementação longe do escritório principal, então é necessário planejamento adequado deve ir nos elementos anteriores de quem, o que, como e quando.

Fazendo as Perguntas Corretas

Muitas reuniões poderiam ser muito mais curtas se a pessoa que as conduz fosse habilidosa na arte de fazer as perguntas corretas. Esta é uma importante habilidade comunicativa que um líder deve ter. Infelizmente, gerentes perdem muito do seu próprio tempo e dos outros fazendo perguntas que são tangenciais à agenda da reunião ou por aquelas que poderiam ser guardadas para uma próxima reunião ou por aquelas que são simplesmente irrelevantes para a agenda.

Uma razão por tais reuniões desperdiçadas é que você, como o líder, não fez sua lição de casa referente ao projeto. Você pode ter uma ideia sobre o projeto, mas ela é vaga. Você não está atualizado dos detalhes do projeto. Então, em vez de adiantar a reunião para a implementação do projeto, você usa essa oportunidade para aprender sobre o projeto.

As perguntas corretas sobre um projeto incluem o prazo do projeto todo, a implementação de auma agência ou agências, o custo envolvido e o lucro esperado. Quem, o que, como, quando e onde são outras perguntas a se fazer.

Respondendo a Outros

A arte de fazer as respostas apropriadas é uma habilidade social importante. Comunicação é uma via de duas mãos; um líder fala e permite que outros falem. Quando ele fala, ele dá as respostas apropriadas. Portanto, responder aos outros durante uma conversa é uma qualidade de liderança. Em geral, as respostas de um líder são sempre marcadas por educação, civilidade, decência e dignidade. Um líder que é abusivo em suas respostas durará pouco.

Tipos de respostas.

Responder como uma ferramenta de comunicação compõe perguntas, comentários e exclamações. Fazer perguntas ao que fala mostra que você está intressado no assunto e quer saber mais. Comentários mostram que você já ouviu sobre o assunto, tem algum conhecimento sobre ele e quer contribuir na a conversa. Alguns comentários são relacionados diretamente com o assunto, e outros podem ter uma abordagem indireta ao assunto; em ambos os casos, seus comentários acrescentam valor à conversa. Exclamações mostram que você esteve ouvindo profundamente aos outros e você expressa surpresa, consternação ou aprovação do que está sendo dito.

Dissidência.

Responder como comunicação social inclui dissidência com as visões e opiniões expressas pelos outros. Um líder deve ser visto como capaz de distinguir joio do trigo e definir sua posição precisamente. Portanto, onde você sentir que deve discordar, faça-o candidamente. Todavia, o tom de linguagem da sua dissdência deve ser polido e digno.

A coisa mais importante para um líder se lembrar quando estiver divergindo é que ele está questionando os pontos de vista expressos pela outra pessoa, nunca a pessoa em si. É por isso que um líder jamais deve responder fazendo ataques pessoais a outros. Além disso, em vez de dizer que ele pensa que o falante é um tolo por pensar daquela forma sobre a questão, ele pode sugerir uma nova maneira de se olhar para ela. Isso mostra o respeito do líder pelo próximo, mesmo quando está dissedindo da opinião dos outros.

Deixe as pessoas falarem.

Essa é a pedra angular das habilidades comunicativas. Como um líder, você precisa ouvir o que os outros estão dizendo. Você não rebaixa as pessoas por não as deixar falar. Isso nunca é apreciado e constrói resistência por parte dos outros contra você. Você será percebido como um autocrata, não um líder. Seu carisma levará uma surra, e cedo ou tarde, você será deixado de lado pelas pessoas.

Conclusão

Líderes podem ser encontrados em diversos locais como em um escritório, na política, em casa ou em uma ONG. As páginas deste e-book descreveram a criação de um líder em qualquer lugar através das habilidades de gerenciamento, habilidades sociais e de comunicação. Estas três habilidades compõem todas as habilidades necessárias para se fazer um líder. Todas as habilidades descritas são baseadas na experiência prática e na sabedoria. As recomendações aqui providas podem ser testadas com resultados produtivos. A esperança é que este e-book vá longe em tornar seguidores passivos em líderes ativos. Esperamos que você se dê uma chance!

www.ingramcontent.com/pod-product-compliance
Lightning Source LLC
Chambersburg PA
CBHW071852070526
44583CB00016B/1653